歴史総合パートナーズ⑰

民主化への道はどう開かれたか

― 近代日本の場合 ―

三谷 博
Mitani Hiroshi

SHIMIZUSHOIN

目次

はじめに：日本人が選挙権を持つのは
なぜだろう？

高校生の皆さんは，もうすぐ選挙権を持つことになりますね。授業で一通り
その意義を学んだことと思います。しかし，あらためて聞きます。なぜ，大人に
なったら，国会議員や市長などの選挙に出かけるのでしょうか。ふだん政治に
関心がない人なら，何を面倒なことをするのかと思うかも知れません。あるい
は，この候補者に一票を入れたところで，沢山の投票のごく一部に過ぎないの
だから，結果にはあまり関係がない。そう思う人もいるかも知れません。

　でも，日本人は全員，18歳になったら選挙権を与えられます。なぜでしょう。
先回りをして言えば，日本人は皆，この国，この町の主人公なので，それを意識
する機会に選挙を使おうという仕組みなのです。政治とは，一般的に言って，「共
通の問題を解決するために，互いに出し合ったお金（税金）をどう使うか，決
めること」と言えます。堅い言葉で言い換えると，「公共問題の処理」です。ふ
だんあなた方は，政治家たちの世界は遠いところにあって，自分の暮らしには
関係がないという印象を持っているかも知れません。でも，彼らは，例えば，あ
なたの通った小学校への予算を決め，校舎や設備を良くしたり，良い先生を招
いたりするお金を確保しようと働いているのです。また，台風や地震などの災
害が起きたら，地元の市町村だけでは対処ができません。都道府県や国など，よ
り広い地域を担当する政府の助けが必要です。政府や政治家の仕事は，けっし
て他人ごとではないのです。

　これを大規模な形で示したのは，2020年に始まった新型コロナ・ウイルス感
染症のパンデミックでした。皆さんもよく憶えていると思いますが，世界の人
類が皆，感染や死亡する危険にさらされました。この感染症に対しては個々の
人や家庭は無力で，感染拡大を最小限に抑えるには国単位の政府の仕事が必要
でした。人と人の接触が感染の原因なので，最初，各国は国民に外出をできるだ

け避けるように求めました。また，ワクチンが開発されると，それを大量に購入し，国民全員が無料で接種を受けられるようにし，感染を防いだり，感染しても軽く済んだりするように努力しました。

　このパンデミックに対しては，上手（じょうず）に対処した国とそうでない国が分かれました。2023年7月現在，人口100万人あたりの死者は，アメリカが3340人，ブラジルが3279人，フランスが2602人，日本が601人，中国が85人でした[※1]。一見して明らかなように，アメリカはワクチンを最初に開発した国でありながら，死亡者はとても多かったのです。その一因は当時のトランプ大統領や州知事の多くが感染予防に消極的だったことにあります。逆に，中国政府は感染者が出ると，町全体を封鎖し，自宅からの外出まで禁じました。この徹底的な隔離政策は確かに目覚ましい効果を上げました。日本はそれらの中間で，政府が要請した外出制限に国民が自主的に協力し，無料で供給されたワクチンも積極的に接種したため，被害はかなり少なくて終わりそうです。

　コロナ禍の拡（ひろ）がりは政府の対策だけでなく，国民がマスクの着用の義務化など，自由の制限を好むか否（いな）かという文化のあり方にも左右されました。この国ごとの文化はなかなか変えられません。しかし，政府は決めさえすればかなりのことができます。こうした大事が起きたとき，速く，かつうまく問題に対応し，我々の希望も聞いてくれる政治家・政府があると，大いに助かります。逆に，そうでないと，困ったことになります。政府や政治家の仕事はけっして他人ごとではないのです。

　さて，こうした「公共問題の処理」ですが，日本では次のような考えで処理されています。この町は，この国は私たちのものだ。その運営は大事なことだが，自分はふだんは仕事や家族の世話で忙しい。誰か代わりの人，専門家を選んで

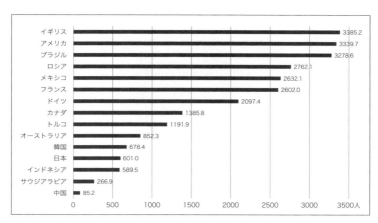

国	値
イギリス	3385.2
アメリカ	3339.7
ブラジル	3278.6
ロシア	2762.1
メキシコ	2632.1
フランス	2602.0
ドイツ	2097.4
カナダ	1385.8
トルコ	1191.9
オーストラリア	852.3
韓国	678.4
日本	601.0
インドネシア	589.5
サウジアラビア	266.9
中国	85.2

図1　新型コロナ・ウイルスによる死者数　2020年1月～2023年7月，人口100万人あたり。

運営してもらおう。これが代表民主制という制度で，歴史的に言えば，17世紀末のイギリスで政治体制の中心にすえられ，19世紀には世界に拡がってゆきました。

　一方，いまの世界には，これと違う制度の国も沢山あります。近くの国で言えば，例えば中国です。その政府は中国共産党が独裁しており，そのメンバーを国民が選ぶことはありません。そのため，国民が政府に注文をつけたり，提案をし

※1　札幌医科大学医学部附属がん研究所ゲノム医科学部門ウェブサイト，https://web.sapmed.
ac.jp/canmol/coronavirus/death.html?s=y&f=y&n=j&c=1。学問的に言うと，各国でのコロ
ナ死亡の調査にはばらつきがあり，そのままでは信用できません。その欠陥を補正するため，「超
過死亡」の推計が行われます。例年の傾向と比べ，どれほど死者が多いかを推定するもので，WHO
（世界保健機関）は2020年と2021年について，新型コロナによる超過死亡は約1483万人と推定
しました。この2年間のコロナ死報告は542万人でしたから，実際の被害は約3倍近くあったわけで
す。もっとも，その間，日本では超過死亡はマイナスとなっています。コロナで亡くなった人はいた
けれど，インフルエンザなど別の病気で亡くなった人が激減したからでした。参照，「朝日新聞デ
ジタル」https://www.asahi.com/articles/ASR1X5F5CR1XTIPE00M.html（酒井健司「超
過死亡から見える事実　新型コロナは「ただの風邪」ではない」）。

たりすることは難しく，批判するとしばしば逮捕され，処罰されます。つまり国民に政治的自由がないのです。とは言え，そんな政府も国民のため良い政治をしようと努力します。でも，同じ人たちが政権を握り続けると，気が緩み，身内だけをひいきすることがよく起きます。イギリスの歴史家ジョン・アクトン（John Emerich Edward Dalberg Acton，1834〜1902年）が言ったように，「絶対的権力は絶対に腐敗する」のです。

　これに対し，代表民主制の国では，定期的に選挙をして，政治家を入れ替えます。政治家たちは選挙に落ちると困るので，選挙のない期間でも選挙民の意見に耳を傾けます。彼らが，自分に都合の悪い人を黙らせたり，捕まえたりすることもありません。

　いま世界には，代表民主制の国と一党独裁など専制の国の両方があります。日本は無論，代表民主制の代表的な国です。同じ世界の中で，どうして，これほど違う政治の仕組みができたのでしょうか。

　この本では，この日本で代表民主制がどのようにしてできたのか，なぜ国民は政治的自由を持つことが当然とされているのか，その歴史的な源を探すことにします。19世紀半ば過ぎに明治維新が起きたとき，日本人は西洋による侵略を防ぐため，団結して国内の改革に取り組み始めました。国家の存亡が何よりも優先されたのですが，そうしたとき，世界にはしばしば，「お国のために自由を制限しよう」という動きが起きます。しかし，当時の日本人は逆に，国民が力を合わせるには，「公議」「公論」※2が不可欠と考えました。明治の最初の年，すなわち1868年に宣言された五箇条の誓文（第5章，61頁参照）の第一条にあるように，「広く会議を興し，万機公論に決すべし」，公共の問題に取り組むため公に議論してものごとを決めよう。そう考えて実行していったのです。

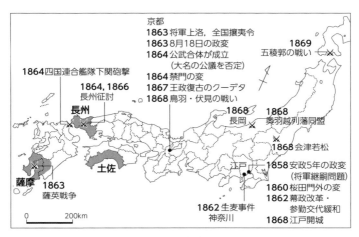

図2　関連地図

京都
1863 将軍上洛，全国攘夷令
1863 8月18日の政変
1864 公武合体が成立
　　（大名の公議を否定）
1864 禁門の変
1867 王政復古のクーデタ
1868 鳥羽・伏見の戦い

1869 五稜郭の戦い

1864 四国連合艦隊下関砲撃
1864, 1866 長州征討
長州

1868 長岡
1868 奥羽越列藩同盟
1868 会津若松

土佐

江戸
1858 安政5年の政変
　　（将軍継嗣問題）
1860 桜田門外の変
1862 幕政改革・
　　参勤交代緩和
1868 江戸開城

薩摩
1863 薩英戦争

1862 生麦事件
神奈川

0　　200km

　とは言え，明治維新の前の日本は，代表民主制は無論のこと，「公論」もあり得ない社会でした。それがどうして逆の国に変わったのでしょうか。次に少しずつ，その謎を解いてゆくことにしましょう。

※2　「公議」「公論」は中国で作られた言葉で，宋の時代（10～13世紀）の地方社会では，親族が集まってその決まりを「公議」して決めたという具合に使われました。日本でひんぱんに使われるようになったのは幕末です。「公共」の問題を議論によって解決するという意味が基本で，議論する人が対等な立場に立ち，第三者に議論を公開したり，参加者を増やしたりすることも重視されました。実際には，政府の外部にいる人たちが決定への関与を主張する政治参加の運動の際に使われます。「公議」「公論」はまた，「正論」＝正しい意見という意味で用いられる一方で，世に共有された多数意見，いまの「世論」という意味でも使われました。

1. 江戸時代の日本ではどのように政治が 行われていたのだろうか

江戸時代の庶民は政治とどう関わっていたのだろうか

　幕末以前の日本には、「公議」「公論」という言葉はほぼありませんでした。政府の外にいる人が政治を語ることは禁じられていて、もしそうすると、捕まえられたり、処罰されたりしました。そこで、武士であれ、庶民であれ、誰も公の場では政治について語りませんでした。無論、不満がないわけではないので、親しい人に苦情を漏らしたり、時には世の中を風刺する言葉を書いた紙（落とし文）をばらまいたりすることもありました。しかし、公然と政治を語ることは禁止されていたのです。当時、支配者として政治を独占していた武士たちは支配対象の庶民に対し、「由らしむべし、知らしむべからず」、つまり、政策の内容を説明せず、人々が赤ん坊のように政府に依存し、その命令に素直に従うよう仕向けていたのです。武士であっても、自分に割り当てられた仕事以外には口を出さないことになっていました。つまり、江戸時代の政治は、トップにいるごくわずかの人たち以外は、世に何が起きているのか、全体の姿が見えませんでした。かつ、社会は生まれながらの身分により上下の関係が決まっており、下にいる人々は「お上」の権威に無条件に従うのが定めでした。

　皆さんはこんな社会に生きたいでしょうか。身の回り以外のことを考えないのも、決定に伴う責任を負わなくて良いのも、楽は楽です。しかし、もし政府がちゃんとした政治をしなかったらどうでしょうか。例えば、江戸時代にはしばしば飢饉が起きました。武士は先に自分たちの食糧を確保していたので死なずに済みましたが、庶民は、わずかのお金持ち以外は、運を天に任せるしかありませんでした。食べ物がなくて多くの人々が飢え死にし、体力が落ちる中で感染症にかかって死ぬことも多かったのです。

　いま、こんな事態が生じたら、皆さんは黙っていますか。新型コロナが拡がっ

たとき，皆さんや皆さんの家族はどんなことを思ったでしょうか。多分，政府に何とかしてほしいと思ったはずです。無論，直接に市役所や厚生労働省に注文をつけた人はあまり多くはいなかったでしょう。しかし，皆さんの代わりに，テレビや新聞などのマス・メディアはいろいろな問題を指摘し，それぞれについて政府に意見を述べていたはずです。政府は政府で，何しろ議会制民主主義の国で，人々の望みや意見には敏感なので，言われるより先に行動を起こしていたはずです。

　しかし，江戸時代の日本では，こうしたことはできませんでした。人々の生活が成り立つよう真剣に配慮する義務が政府になかったからです。無論，中には人々の幸せを願って仕事する立派な武士もいたはずです。しかし，そんな政治家の志がつねに実現するとは限りませんでした。飢饉や疫病を防ぐ技術がなかったり，必要なお金がなかったりという事情もありましたが，政府としてそこまでの義務はないという考えが普通だったので，十分な努力はなされなかったのです。

江戸時代の政府では政策をどのように決めていたのか

　では，江戸時代の幕府※1や大名の政府は，政策をどのように決めていたのでしょうか。あとに述べることに関係が深いので，簡単にまとめておきましょう。

　先に，江戸時代には，上の人の権威がとても高くて，下の者はたてつけなかったと述べました。ならば，天皇や将軍や大名をはじめ，君主たちは何でも勝手きままに命令を下していたのでしょうか。実は，逆です。同じ時代の中国やヨーロッパでは，君主は政治的な決定の主役だったのですが，江戸時代の日本は違います。極端なのは天皇で，日本で最も高い権威を持ち，それを否定する人はど

こにもいなかったにもかかわらず，日本全体に関する決定にはまったく関与しませんでした。古代は別として，室町時代以来，400年以上もそうだったのです。また，江戸時代もしばらく経つと，将軍や大名も似たような立場になりました。彼らは政府が行う決定の責任者でしたが，決定自体は幕府の老中（ろうじゅう）や大名の家老（かろう）たちが開く会議の結論をそのまま採用するのが普通のこととなったのです。では，その重役たちがどのようにして決めたかというと，それは政府の末端から上がってくる政策提案を見て決めました。今年は年貢（ねんぐ）をどの程度，どのようにとるか，どこの川をどんなふうに修理するか，どんな人をどんな役職につけるか。下にいる役人たちがいま起きている問題を調べ，対処に必要な政策を文書に書いて上に上げてきます。重役たちは，数人でそれを見て相談し，良いと思ったら主君に上げて決めてもらう。問題があると思ったら下に戻し，担当者にもう一度検討させる。

　このように，徳川（とくがわ）将軍家や大名の政府での決定は，たいていは一番下にいて世に直接接している役人が問題を見つけ，解決法を考えて，それを上司に上げるのが第一段階，次に重役たちが会議を開いてその提案の良い点と欠点とを検討し，ほぼ結論を決めるのが第二段階，そして君主が重役会議の結論を採用し，それに君主の権威を与えて，領地の全体に命令するのが第三段階ということになります。つまり，江戸時代の政府での決定は，権威の順序と反対に，下から上に向かって進んでいったのです。実は，このような決定の仕組みはいまの日本

※1　「幕府」とは軍人の政府という意味です。江戸時代の人々は実はあまり使わず，「ご公儀（こうぎ）」＝日本の政府と呼ぶのが普通でした。「幕府」がよく使われるようになったのは，あとに見る安政（あんせい）5年の政変（1858年）の後のことで，京都にある「朝廷」より一段下にあるという意味を伴いました。この本は主に幕末以降を扱うので，それ以前についても「幕府」を使うこととします。その主も元来は「公方様（くぼうさま）」と呼ばれましたが，同じく「将軍」と記すことにします。

の官庁や会社でも続けられていて，ボトム・アップ（下から上に）と呼ばれています。

　江戸時代の日本では，決定がこんな仕組みで行われていたので，武士の場合は，身分が低くても重要な仕事を担当することができました。また，上級の武士も，下からの提案に耳を傾けることに慣れていました。

　しかし，幕末に外国から開国を強制され，政府の能力を飛躍的に強化する必要が出てくると，この仕組みは維持できなくなります。下にいて世の様子をよく知っている人々の中から，有能で活発な人々を上の地位に引き上げ，決定を担わせる必要が出てきたのです。明治維新として知られている大変革は，実はこうした必要に迫られて起きたのでした。ただ，明治維新で何が起きたのかを理解するには，ほかにもう少し知っておくべきことがあります。次にはそれを見ておきましょう。

江戸時代の国家の仕組みはとても複雑だった

　皆さんは，いまの日本には，一人の君主，一つの政府があって，日本に生まれたら国内どこへでも自由に旅行できることを知っていますね。でも，江戸時代はそうではありません。まず国のトップには，京都に天皇，江戸に将軍，つまり二人の君主がいて，それぞれの政府を持っていました。また，その下には，約270人の大名がいて，それぞれ小さな国を治めていました[※2]。人々は，その小さな国から遠出するときは，いま国外に出るときに必要なパスポートにあたる証明書をもらわねばなりませんでした。つづめて言うと，「双頭・連邦」（君主が二人いて，その下に沢山の国がある）の国家があったのです。

　19世紀の世界には，連邦国家がいくつもありました。例えば，アメリカ合衆

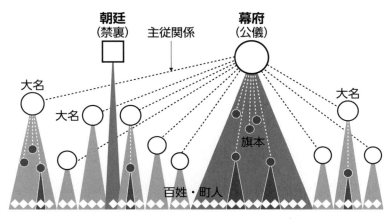

図3 双頭・連邦の国家

国は37の「ステイトstate」、イギリスは四つの「カントリーcountry」、明治維新と同時代の1871年にできたドイツ帝国[3]は26の「ラントLand」からできていました。とは言え、江戸時代の日本の「国」の数は270近くと、とても沢山あったのです。また、君主が二人いるのはとても珍しいことでした。18世紀のベトナムには一時的にそういうことがありましたが、すぐ一人になっています。中世のヨーロッパには、その全体を見渡すと、カトリック教会のトップであるロー

---

[2]　教科書にはこれらを「藩」と書いてありますが、実は公式にそう呼ぶようになったのは、明治時代になってからのことです。江戸時代には、大名の領地は一般的には「領分」、その大きなものは「国」と呼ばれ、その統治組織は「家」と呼ばれていました。例えば、薩摩・大隅・日向の国は島津の家が統治していました。この本は主に幕末以後を扱うので、「家」と「領分」を合わせて、「藩」と記すことにします。

[3]　いまのドイツにはもともと沢山の大小の国々がありました。その多くにはドイツ語を話す人々が住んでいましたが、プロイセンという国が3回の戦争を経て1871年にこれらを統一し、帝国と名乗りました（オーストリアを除く）。このとき、国々は26のラントにまとめられましたが、それらは別々の政府や学校組織を持っていました。この分権的な仕組みはいまも続いています。

マ教皇の下，各地に大小様々の世俗的な君主がいたので，やや似た構図があり
ましたが，一つの国の中に二人の君主がいることはありませんでした。日本で
はしかし，これは中世に鎌倉幕府ができ，将軍が権力を持つようになって以来
の長い慣行だったのです。

　明治維新は，この「双頭・連邦」という複雑な仕組みを持った国を，あとに
述べるように，王政復古と廃藩置県によって，「単頭・単一」の国家に変えまし
た。そして，それに伴って，日本列島に生まれ育った人々は，古くから江戸時代
まで当たり前と考えられていた，生まれながらの身分差別の制度から解放され
たのです。

　この驚くべき急激な変化は，この本が取り扱う，「公議」「公論」，そして暴力
の出現という問題と深く関係していました。以下では，それらがどのようにし
て登場したのか，節目・節目を見てゆくことにしましょう。

2.「公議」「公論」と暴力はどのように出現したのだろうか：1858〜60年

日本で，「公議」「公論」という言葉が使われ始めたのは，江戸時代の1858（安政5）年のことでした。アメリカの使節ペリー（Matthew C. Perry, 1794〜1858年）が来て，日本が西洋に対して港を開いた5年後です。この年，徳川幕府に跡つぎ問題が発生し，それがこじれて，徳川家の内部だけでなく，朝廷や大名，民間人も巻き込む大政変（安政5年の政変）が起きました。これが明治維新の発端となったのです。

松平慶永の「天下の公論」

　このとき，将軍の跡つぎに有能で知られた一橋慶喜（1837〜1913年）を立てようとした大名の一人に，越前福井の城主松平慶永（1828〜90年）[※1]がいました。彼は，大老として幕府を取り仕切ることになった井伊直弼（1815〜60年）に面会したとき，慶喜を跡つぎに立てることは「天下の公論」だと述べ，慶喜を強く押しました。大老は現将軍に一番血縁の近い紀伊和歌山の徳川慶福（1846〜66年）を立てるつもりだったので，これを聞いただけで済ませました。しかし，慶永の行動は，それまで幕府の政治に発言を許されなかった大名が，君主国では最も重要な政治問題の一つ，君主の跡つぎ問題に公然と介入したという画期的なものでした。その大胆な行動を支えた理屈が「天下の公論」，世の多くの人が正しいと考えていること，それに従うべきだというものだったのです。

　政府は世論に耳を傾け，尊重せねばならない。江戸時代は，その反対に，将軍

※1　徳川御三卿の田安家に生まれ，11歳のとき，徳川一門のうちで徳川御三家に次ぐ家格を持つ越前の松平家に入りました。一橋慶喜を将軍の後継に推し，それに失敗して，江戸の屋敷に閉じ込められましたが，のちに謹慎をとかれてからは，1862年に幕府の政事総裁職につくなど，「公議」派大名の中心として幕末の政界で活躍しました。王政復古の後にも，初期には政府の要職につきました。

図4　松平慶永

や老中の専断が当然だったのに, どうしてこんなことが語られるようになった
のでしょうか。それは, 当時の日本が, 200年以上も続いた鎖国※2をやめ, 世界
に国を開くという大きな変革を強いられていたからです。こうした状況で約
270もいる大名がばらばらに行動すると, 日本は当時の世界のあちこちで起き
ていたように, 西洋の国家に支配されてしまうかも知れない。連邦国家は分裂
しやすく, 万が一, 一部の大名が西洋と政治的に提携すると, 日本というまとま
りは一気に崩れてしまう。そうした危機感が日本人としての団結を強く促した
のでした。

対外危機 : 幕府は国内に協力を求めた

　徳川幕府がこの必要をはっきり意識したのは, 実はペリー来航の3年前のこ

とでした。1850年1月，将軍家は大名たちに対して，西洋から日本を守るため，協力するように求めています。「西洋の複数の国々が日本の土地を奪い取ろうと狙っている。だから，こちらも日本一体の力をもって防がなくてはならない。（中略）大名は将軍を助ける任務を怠（おこた）らず，徳川の旗本・家人（はたもと・けにん）※3は将軍へのご奉公を心がけ，百姓（ひゃくしょう）は百姓だけ，町人は町人だけ，銘々（めいめい）が持前にふさわしい筋で力を尽くすように」（『通航一覧続輯』第五，49頁）。将軍家は，近い将来に開国を求める使節が西洋から到来することを予想し，日本の住民すべての協力を求めたのです。でも，ここで，百姓・町人，つまり庶民にまで協力を呼びかけたのは，不思議ではありませんか。「知らしむべからず」の反対に，危機が近づいていることを正直に知らせているのです。無論，武士と違って，庶民に戦闘自体に参加する義務はありません。しかし，献金など資金面で協力したり，戦争が起きたときに武器・食糧を運んだり，武士のために炊事（すいじ）したりすることを期待したのです。

　徳川幕府は，それまでは黙って従うよう命じていた武士や庶民に大事な情報を知らせ始めました。そして，ペリーが到来した後には，意見も聴くようになります。1853年，大名と旗本にアメリカ大統領の手紙を見せ，どんな対策をとる

※2　江戸時代の日本は幕府の管理下で少数の外国との関係を保ち，貿易も行っていました。そのため，「鎖国でなかった」とする意見があります。しかし，商品や情報は日本の国境を通過できたものの，人の行き来はできませんでした（漂流民を除く）。近年，コロナ禍が世界中に同じ状態をもたらしたので，いまの皆さんは江戸時代の鎖国をイメージしやすくなったのではないでしょうか。人が原則として自由に国境を出入りできるか否かは大きな問題で，それが許されなかった江戸時代の状況は「鎖国」と呼ぶほかはないでしょう。

※3　将軍直属の家臣で1万石未満の者。教科書など一般的には，「旗本」「御家人」とされていますが，この表記は不正確です。江戸時代の史料には，「御旗本」「御家人」と書かれています。政府の官職を尊重して，その頭に「御」の字をつけたのです。「旗本」からこの字を除くなら，「御家人」も「家人」とせねばなりません。

べきか，意見を尋ねたのです。回答は続々集まり，全部で800通以上になりましたが，その中には，庶民からの上書も混じっていました。回答の多数意見は，鎖国は維持したいが，戦争も避けたいという，虫の良いものでした。西洋人を追い払う攘夷のための戦争を主張するものはほとんどなく，逆にすぐ国交や貿易を始めようという意見も少数でした。

　幕府はこの問いかけによって主立った政治家たちの多数意見を知ることができました。翌年結ばれた日米和親条約は，国交も貿易も定めず，ただ二つの港をアメリカ船の水や食糧の供給のために開いただけのものとなりました。これは世の多数意見に合うものだったため，表立って反対論は生じませんでした。

　ペリーが到来したときに行われた対外政策の諮問は，政府が公然と大名の意見を聴いた初めての行動でした。これがきっかけとなり，やがて大名や武士が尋ねられもしないのに自分から意見を公にするようになります。その中には政府への批判や不満も混じってきました。こうなると，政府の権威は絶対ではなくなります。専制をしてきた政府が被支配者たちに意見を聴くのは危ないことですが，幕府はペリー来航のときに自らそのとびらを開けたのです。初めは危険な様子は見えなかったものの，案の定，ペリー来航の5年後の1858年，この小さな穴は大爆発を起こします（安政5年の政変，次の章を参照）。とは言え，注意して下さい。民主主義の国ではつねに政府批判が語られます。でも，個々の政権はともかく，政府自体がつぶれることはありません。なぜ，幕末には政治体制の全体が崩れ，いまはそうでないのでしょうか。この本を最後まで読みながらぜひ考えてみて下さい。

3. 徳川の体制はなぜ大崩壊を始めたのだろうか： 安政5年の政変（1858年）

将軍の跡つぎ問題

　外交の基本方針を200年以上も続いた鎖国から開国に切り替えるのはかなり
の冒険でした。それを切り抜けるには優れた指導者が不可欠だ。多くの武士が
そう考えました。しかし，当時の将軍徳川家定（1824〜58年）にはあまり期
待ができませんでした。普通の人だったそうですが，時々てんかんの発作が起
きるので，引っ込み思案となっていたのです。実子も生まれそうにありません
でした。なので，有能な人を養子に迎え，その人に政治の舵取りを任せたい。そ
う考える人が出てきました。

　先に紹介した松平慶永はその代表的な人物です。彼は，元は徳川の御三卿の
一つ，田安家に生まれた人でした。将軍家が養子を迎える場合，その範囲は「徳
川」という姓を名乗る御三家（尾張名古屋〔愛知県〕，紀伊，常陸水戸〔茨城県〕）
か，御三卿（江戸城中に屋敷が置かれ，その場所によって田安，一橋，清水と呼
ばれた）に限られていました。慶永自身は幼い頃，徳川の親族だった越前の松
平家の養子になっていたのですが，もしそのまま田安家にいたら，このときは
有力な将軍の跡つぎ候補になっていたはずです。

　彼はそのため，将軍家の跡つぎ問題を他人ごとと思えず，積極的な行動を起
こしました。すでにペリー来航後，家定が将軍の地位についた頃から，首席の老
中阿部正弘（1819〜57年）に一橋慶喜を跡つぎに立てるよう提案しています。
阿部は大事な問題なのであまり口に出すなと止めましたが，慶永は，慶喜の実
父であった水戸の徳川斉昭や，明君として知られた薩摩鹿児島の島津斉彬
（1809〜58年）など，親しい大大名を仲間に引き込んでゆきました。そして，
阿部が病で亡くなり，アメリカとの二度目の条約（日米修好通商条約）を結ぶ
べきか否かが大きな問題となった1857（安政4）年の冬，幕府の老中や役人た

ちに積極的に働きかけ始めたのです。

橋本左内：大胆な国内改革を構想する

　このとき，慶永を助けた人に橋本左内（1834〜59年）という家臣がいます[1]。彼は蘭方（オランダ語の書物による医学）を学んだ医者で，緒方洪庵（1810〜63年）が大坂に開いていた蘭学塾，適々斎塾に学びました。明治時代に啓蒙家として活躍した福沢諭吉（1834〜1901年）[2]の先輩にあたります（生まれ年は同じ）。彼は，主君慶永が一橋擁立運動を始めると，慶永に様々なアイデアを提供しました。故郷の友人にあてて書いた手紙を読むと，日本の政治の仕組みを改革しようとする大胆な構想を持っていたことが分かります。その要点を紹介しましょう。

　国内改革の第一歩は，将軍の跡つぎを立てること。次は，幕府に有力な大名を入れること，第三に，その下で働く役人に，生まれを問わず，有能な知識人を登用すること。

　狙いは徳川幕府を，全国から有能な人物を集中させて強化することにありました。幕府の老中（4，5人）はこれまで中小の大名だけが任命されていたのですが，それを大きな大名で有能と知られた人に変えようと考えました。具体的には，水戸の徳川斉昭（御三家），越前の松平慶永（親藩），薩摩の島津斉彬（外様），肥前佐賀の鍋島斉正（直正，1814〜71年。外様）の名を挙げています。彼らは，個人として有能だっただけでなく，ペリーが来る前から将来の対外危機に対処する準備をしていました。島津斉彬は西洋式の帆船を造り，鍋島斉正は鉄製の大砲を造っていたのです。彼らを幕府の中心に招けばその経験を生かすことができ，統治能力が上がります。かつ，彼ら大大名はもし離反したら徳川

図5　橋本左内

家にとって危険な存在になります。そうなる前に徳川の有力な味方にすれば，将軍家の政府はより安定するはずです。

　もう一つの柱は，彼らの下に，全国から身分を問わず，有能な人材を集めることです。大名の家来であろうと，牢人（ろうにん）と自称している庶民であろうと，有能との定評がある人なら，誰でも幕府の役人に取り立てる。これも幕府を強化するためです。しかし，どうでしょう。もしこれが実現したら，江戸時代の日本を芯から支えていた身分制が，その中心部から崩れ始めることになりませんか？　つ

※1　角鹿尚計『橋本左内―人間自ら適用の士有り』ミネルヴァ書房，2023年。

※2　九州中津（大分県）の奥平（おくだいら）家家臣の家に大坂で生まれ，蘭学と英学を学びました。外交文書の翻訳者として幕府に雇われ，アメリカとヨーロッパに三度わたりました。のちに慶応義塾を開いて洋学人材を育て，明治になると新聞を発行して文明開化のため様々の論説を発表しました。『学問のすすめ』をはじめ多くの著作があり，『福翁自伝（ふくおう）』には，適々斎塾での学生生活が生き生きと描かれています（岩波文庫など）。

まり，橋本左内は，幕末の日本で最初に，身分制を壊し，個々人がその能力を思う存分発揮できるような社会を理想と考え，その具体的な道筋を工夫した人だったのです。

　彼はなぜこんな大胆な改革構想を考えたのでしょうか。それは彼の生まれと関係があります。彼は数えの15歳で成人を迎えたとき，『啓発録』という文章を書き，将来の指針としました。その中で，「本当は天下国家のための仕事である政治に関わりたいけれど，藩医の身分では不可能だ，残念」と述べています。つまり，武士であっても就任できる役職は家ごとに決まっていて，どんなに才能があり，努力をする人であっても，医者の家に生まれたらそれ以外の仕事はできなかった。それを幼い頃から苦痛に感じていたのです。幕末に活躍した政治家にはほかにも医者出身が多く，長門萩（山口県。以下，長州）を尊王攘夷運動に引っ張り込んだ久坂玄瑞（1840〜64年）もその一人でした。政治が行われるすぐそばに暮らしながら，関与は禁じられている。有能でも，力を発揮する道がない。そういう中途半端な立場の苦しみが彼らを突き動かしていたのです。

　橋本左内は熱心に一橋擁立運動に取り組みました。それは，この壮大な日本改革構想を実現するためだったのです。

越前と薩摩の一橋慶喜擁立運動

　松平慶永と左内が頼みにした協力者は薩摩の島津斉彬でした。というのは，将軍家定の正夫人，篤姫（1836〜83年）が薩摩出身だったからです。篤姫から家定に一橋の採用を勧めてもらおうと考えたのです。そのためには，篤姫のいる江戸城の大奥と連絡をつけねばなりません。そこで当時，鹿児島にいた斉彬は，とくに西郷隆盛（1827〜77年）を選んで江戸に送り，越前松平家と協

力して，このルートの開拓にあたらせました。

　西郷は島津家の下級武士で，この重要任務がその政界デビューとなりました。1857年12月※3に江戸に着いた彼はもっぱら左内と相談してことを進めましたが，結果は思わしくありませんでした。篤姫には連絡がついたものの，篤姫がこの問題を家定に語るのは許されなかったからです。ただ，西郷にとって左内との仕事は生涯の記憶になりました。のちに彼が西南内乱（西南戦争，第7章参照）に敗れて鹿児島で自刃したとき，その携帯カバンの中にはこの当時左内からもらった手紙が収められていたのです。二人とも武士ながら低い身分の出身で，元は政治に口を出せる立場にはありませんでした。その彼らがこのときは，日本中で最も重要な政治問題を直接に担当することになったのです。強い感激があったに違いありません。

　松平慶永は京都の朝廷も擁立運動に巻き込もうとし，1858年春，左内を上京させました。左内は京都で公家たちに面会し，初めは，当時幕府が朝廷に求めていた，アメリカとの二度目の条約を結ぶための許可（勅許）を得ようと説得しましたがうまく行きませんでした。しかし，一橋擁立論を述べたところ，これには公家たちの反応は敏感で，かなり協力者が得られそうでした。

京都で誤解が生まれ，江戸に伝わる：「水戸陰謀論」

　一方，このとき，京都には近江彦根（滋賀県）の井伊家の家臣長野義言（1815〜62年）という人も来ていました。彼は，主君の直弼と同じく，将軍の跡つぎには将軍と血筋が近い紀伊の慶福がふさわしいと考えていたのですが，京都で

<hr />

※3　月日は1872年までは旧暦，1873年以降は新暦で示しました。

突然，一橋擁立論が盛んになったことに驚きました。なぜかと探ってみたところ，朝廷あてに差し出されたという文書が手に入り，その中に，もしこの条約を認めて開国するならば朝廷は大きな罪をおかすことになると書いてあるのを発見しました。長野はこれを一橋慶喜の実父徳川斉昭が書いたものと信じ，さらにこれを公家の間に拡がった一橋待望論と結びつけました。水戸の徳川斉昭は，息子慶喜に対する朝廷の期待を高めようとして，公家たちが願っていた攘夷論をあおっている。将軍が朝廷に求めている条約の勅許を妨害するとは，「言語道断，悪しく申さば陰謀の体」。長野はそう記しています。

　これは彼の誤解でした。徳川斉昭は逆に，親戚の公家である鷹司家に対して手紙を書き，この度幕府が送る使者と対立せぬようにしてほしいと頼んでいました。つまり斉昭も幕府と同じように条約の勅許を願っていたのです。しかし，長野は，誰が書いたとも分からない文書を徳川斉昭のものと信じ込み，彼を徳川将軍家への裏切り者と断定したのでした。

　この誤解は彼が井伊直弼に送った報告により，あっという間に江戸に拡がりました。将軍家定は「水戸斉昭の陰謀」を防ごうと，1858年4月，井伊直弼を大老※4にすえました。直弼は就任後すぐ，紀伊の徳川慶福を後継に立てたいとの家定の意向を確認し，慶福が跡つぎに決まりました。第2章の初めに紹介した大老井伊直弼と松平慶永のやり取りは，その後，世間ではまだ一橋を立てる可能性もあると信じられていた時期に交わされたものだったのです。

　このように，将軍の後継候補をめぐって二つの派閥が生まれ，その争いで一方の紀伊派が勝ち，他方の一橋派が負けました。こうした後継者争いはしばしば起きることです。しかし，このときはさらに深刻な問題が起きました。紀伊派は相手方の「陰謀」を信じ込み，相手の言うこと，なすことをすべて疑うよう

になったのです。こうなると妥協の余地がなくなります。世に対立はしばしば起きます。そうしたとき，この度は相手にかなりを譲ったが，自分の言い分もある程度は通した，損はしたが，それはまたの機会に取り戻そう。お互いにそう思えたら，対立が深刻になってあとを引くことはありません。しかし，相手が陰謀の徒で絶対的な悪だと断定すると，妥協は一切できなくなるのです。

　1858年＝安政5年の江戸では，二つの派閥の間で非妥協的な対立の悪循環が始まりました。これがついには江戸時代の体制全体を崩壊させるまでに導いてゆくのです。

暴力の初登場―政権が反対派を弾圧する：安政の大獄

　将軍の後継に紀伊の徳川慶福を内定した後，大老はもう一つの大問題，条約問題について大名の同意を得ようと努力しました。朝廷から勅許がほしければ大名の意見を聴き，その結果を持ってもう一度来いと命じられていたからです。その見込みがつくと，大老は跡つぎを公表する段取りに入ったのですが，そのとき，突然の出来事が問題を混乱させました。条約の案を決めた後，下田（静岡県）に退いて調印の日を待っていたアメリカのハリス（Townsend Harris, 1804〜78年）が，軍艦に乗って神奈川までやってき，条約をすぐ調印するように迫ったのです。その言い分は，いま中国にイギリスとフランスの連合軍が押し寄せており，もうすぐ勝つはずだ。その後に日本まで来たらどうするか。私と作った条約案を彼らに対しても使えば戦争はなしで済むはずだというもので

※4　大老はもともとは名誉職で老中会議の決定には関わりませんでした。ただ，将軍家定は直弼の任命に際して老中の会議を主催するようにとの特別な命令を与えたので，直弼は全権を振るうこととなりました。

した。これを聞いた幕府はもっともなことと判断し、日米修好通商条約※5の調印に踏み切りました。

これはしかし、孝明天皇（1831〜66年）への約束に反します。つまり、大名たちの意見を集め、それを持って幕府の使者が京都に向かい、条約に天皇の同意を得るという段取りになっていたのですが、その手順を飛ばしたのです。調印の知らせが京都に伝わると天皇は激怒し、朝廷は幕府への非難の声で満ちることとなりました。

また、江戸では、一橋派の大名が井伊大老を退ける運動を始めました。勅許なしに条約を調印した落ち度を利用して井伊大老を退け、代わりに松平慶永を大老に立てて、将軍の後継候補を一橋慶喜に差し替えようと図ったのです。彼らは江戸城に一斉に登城して、大老や老中に失策を詰問しました。しかしながら、これを予想していた大老は、ただ「申し訳ない」と答えるのみ。抗議に出かけた徳川斉昭や松平慶永らは、何の成果もなく城をあとにすることになりました。

その後、大老は彼らを厳罰に処しました。かねて「陰謀」を疑っていたところ、一橋派はついにその尻尾を現し、あからさまに自分を失脚させようと企てた、金輪際赦さないぞというわけです。大老は彼らに大名の地位を退かせ、自分の屋敷で謹慎するよう命じました。江戸時代には時々、領内の統治にしくじった大名が隠居・謹慎を命じられることがありましたが、幕府の政治に介入したという罪で、しかも複数の大名が一斉に処罰されたのは初めてのことでした。

幕末に最初に登場した暴力は、このように、政権による反対派大名に対する処罰として始まりました。世界の他の革命でも、その発端は、政権の外にいる人々が政府の失策に抗議し（公論）、それを政府が弾圧する（暴力）ことが多く、幕末の日本もそれに近い形で体制の崩壊、革命が始まったのです。

図6　桜田門外の変

暴力の拡大―テロによる反撃：桜田門外の変

　さて，安政5年の日本では，「公論」と「暴力」はこのように同時に出現した
のですが，ことは徳川斉昭や松平慶永たちを政界から排除するだけでは終わり
ませんでした。幕府が彼らの関係者を逮捕・処罰する一方で，排除された側の
一部は政敵となった大老を退けようと，直接的な暴力を加えようと図ったので
す。その行き着いた先が大老の暗殺，桜田門外の変（1860〔万延元〕年）です。

　大老は，一橋派の企みをくじいた後，「陰謀」の一味と見なした人々をことご
とく捕まえ，処罰することにしました。政変の翌1859年に判決を下した政治裁

※5　この条約は，両国が正式の国交を結び，貿易を始めるのが主な内容でしたが，アメリカに対し
　　て開く町と港は，江戸と大坂（1862年から），および神奈川・長崎（1859年から）・新潟（1860
　　年から）・兵庫（1863年から）と定めました。三谷博『ペリー来航』吉川弘文館，2003年，
　　255～256頁。

3. 徳川の体制はなぜ大崩壊を始めたのだろうか：安政5年の政変（1858年）　33

判，安政の大獄がそれです。死罪や遠島（島流し）などの重刑は約40名。平和が続いた江戸時代では，それまで考えられなかったことです。このとき，橋本左内はいわば主君慶永の身代わりとして斬首されました。彼は当時の日本で唯一，未来の日本に対する明確なヴィジョンを持っていた人でしたが，その実現に奔走したためにわずか満25歳で命を奪われることになったのです。もし生きていたら，同い年の福沢諭吉と同様，明治の日本で大活躍していたに違いありません。と言うより，大獄の3年後に松平慶永が政界復帰したとき，幕末日本の中心に立って政界を引っ張っていったに違いありません。残念なことです。

　さて，大老により政界から排除された一橋派の大名家の中には，あくまでも反抗を続ける人たちがいました。水戸徳川家の家臣の一部です。尊王攘夷思想※6を信じる彼らは，徳川斉昭への処罰を撤回させるため，全国にいる同志に働きかけて有力な大名を味方につけ，その圧力で大老を退けようと図りました。しかし，他の大名家との連携はうまく行かず，そのため，彼らは井伊大老の暗殺に目的をしぼり，1860年3月3日，江戸城の桜田門外でこれを実行したのです。

　政権側の暴力行使は，こうして政府外からのテロという反撃にあうことになりました。これもまた世界の革命で時々見られることです。しかし，テロがいつも世の動きを変えるかというと，そうではありません。直後の日本では，もう一度，老中襲撃事件が起きましたが，あまり影響はありませんでした。

「公論」の可能性が開ける

　しかし，桜田門外の変は大きな変化をもたらしました。それは，日本全体の問題に関し，誰でも発言できるようになったことです。公論が可能になったのです。江戸時代の長い間，決定は徳川幕府だけが独占し，井伊大老の時代には外部

からの発言に厳罰が下されたのですが，それが急に自由になりました。大老の暗殺はいままでは恐れていた徳川の権威が大したものではないとの印象を拡散させ，「日本のため」という名目を立てれば誰でも発言できる，幕府をいくら批判しても構わないという認識が拡がっていったのです。

　これでとくに勢いづいたのは水戸から拡がった「尊王攘夷」を信ずる人たちでした。彼らは，条約で開港された横浜に貿易に来ていた西洋人を襲おうと企てる[7]一方，朝廷を幕府の圧迫から解放しようと動き始めました。彼らは，あちこちに同志を探し回り，やがて京都に集まってゆきます。その一部には，徳川支配に代わる王政復古を主張する人も混じってきました。

　その一方，朝廷の中でも，王政復古を目標に立てる人が現れました。孝明天皇の側近，岩倉具視（1825〜83年）です。彼は，徳川の権威はもはや衰えた，日本の統治を任せておけない，こうなった以上は，王政復古により国民の心を一つにせねばならない。そう天皇に進言しました。すぐ倒幕しようというわけでも，大名や尊攘の志士を集めて暴力を振るおうというわけでもないのですが，橋本左内が構想したものとは別の未来，王政復古への展望が開けたのです。これは2，3年前には考えられないことでした。

　さらに，大名の一部も全国政治に介入を始めました。天皇と幕府が仲違いを

※6　尊王攘夷思想とは19世紀初めの水戸徳川家に生まれた政治思想で，「尊王」とは天皇を日本の中心として尊ぶこと，「攘夷」とは夷狄＝西洋人を追い払うことです。徳川家で考えられたことなので，尊王はすぐ倒幕に結びつくわけではありません。また，攘夷は鎖国を固守することではなく，いったんはわざと西洋と戦争し，それを大規模な改革の起爆剤にしようという主張でした。ただ，当時の尊攘家の多くはただ夷狄を追い払うことだけに関心を寄せていました。

※7　明治時代に経済発展や社会事業に力を尽くした渋沢栄一（埼玉県深谷の地主商人）は，政治運動に乗り出したその初め，横浜の焼き討ちを計画したことがありました。渋沢栄一『渋沢栄一自伝—雨夜譚・青淵回顧録〈抄〉』角川ソフィア文庫，2020年。

しているのは外圧を前にした日本にとっては危険なことだ。何とか仲直りしてもらいたい。その仲介役を我が藩が務めよう。そう考えて，初めは長州藩が朝廷に開国論を採用することを勧め，次には薩摩藩が幕府に対し，安政5年に退けた松平慶永や一橋慶喜を政界に復帰させ，そのトップにすえることを勧めました。大名が全国政治に乗り出すことなど，以前は考えられなかったのですが，桜田門外の変の後には現実となったのです。

　桜田門外の変という暴力は「公論」禁止のタブーを吹き飛ばしました。公論の可能性に気づいた人々は，いろんな身分，いろんな地域から，政治の世界に飛び込んでゆくことになります。日本での政治参加運動はここから始まったのです。

4.「公議」政体への転換はどう始まったのだろうか:1862〜66年

桜田門外の変の後，全国の各地から政治運動に飛び込む人が現れました。彼らの多くは「尊王・攘夷」を旗印に徳川の外交政策や朝廷への圧迫を非難し，天皇をかついで西洋と戦争し，さらには天皇中心の秩序を創り出そうと夢見て，仲間を集め始めました。「尊王・攘夷」家はまずは「公議」「公論」を武器に政界進出を図ったのです。

尊攘論が京都朝廷を支配する：公論とテロ

　彼らが京都に集まり始めると，朝廷の中でも攘夷を主張し，幕府を非難する公家が有力になりました。すると，それまで開国論に変わるよう朝廷を説得していた長州藩は，態度を180度変えて，攘夷論の先頭に立つようになりました。1862（文久2）年7月，4年前の修好通商条約を破棄し，戦争に訴えてでも西洋を追い払おうという「破約・攘夷」論に転換したのです。これは京都の攘夷熱をさらに高め，もう一つの有力大名，薩摩藩がこれを鎮めようとしても抑えきれなくなりました[1]。

　そのとき，幕府は朝廷と薩摩の圧力の下，かつて処罰した松平春嶽[2]（隠居して慶永から改名）と一橋慶喜を政界に復帰させ，幕府のトップ（それぞれ，政事総裁職，将軍後見職）に迎えていました。幕府は安政5年以来おかした誤り，条約の無勅許調印や政治弾圧などを正そうとしました。将軍家茂[3]自らが京都

※1　和宮の将軍への降嫁を提案した岩倉具視は，その責任を追及されて，宮中，さらに京都から追放されました。

※2　春嶽は「春の高山」という意味です。

※3　紀伊の慶福は，安政5年の政変の最中に家定が亡くなったため，すぐ将軍になり，家茂と改名しました。

に上り，天皇の妹和宮（1846〜77年）を正夫人にもらったお礼をする一方，それまでの失政を直接天皇に謝罪しようと図ったのです。そうすれば天下の徳川非難は和らぎ，攘夷という過激論も鎮まるだろうと期待したのでした。

　ところが，翌1863年の春に家茂が京都に入ったとき，事態は逆に動きました。将軍は朝廷から攘夷を実行する日を決めるように迫られ，その日を5月10日と布告したのです。将軍は幕府の責任者の春嶽や慶喜だけでなく，一時は土佐高知の山内容堂（1827〜72年）や薩摩の島津久光（1817〜87年）※4ら開国派の大大名も伴って京都に入ったのですが，尊攘の志士に後押しされた急進派の公家は，過激な要求を彼らに突きつけ，とうとう呑ませることに成功したのです。普通，こうした場合には，政府が過激派のリーダーの幾人かを捕まえ，投獄して黙らせます。しかし，このときの幕府は一切そうしませんでした。当時の京都では，安政5年の政変と大獄とが非難の的になっており，それを手伝った下級の幕府役人たちがテロで襲われることもありました。そんな雰囲気だったので，もう一度弾圧を行うと，天皇との和解は不可能となってしまうと考えたのでしょう。幕府はこのため，西洋との戦争という厳しい道に，「公論」とテロの力だけで追い詰められることになったのです。

軍隊による暴力行使が始まる：1863年〜

　他方，攘夷の公約を勝ち取った長州藩士はいったん地元に戻り，関門海峡を通りかかった西洋船を砲撃して，攘夷戦争を始めました。また，薩摩藩は鹿児島湾に来たイギリス艦隊を相手に砲撃戦をしました。薩摩は，攘夷は主張していなかったのですが，イギリスが生麦事件※5に抗議するために軍艦で脅したことを，武士として許すわけには行かず，戦争したのです。こうして，暴力は軍隊同

士の戦争にまで発展し，それはまず外国との戦争として登場したのでした。

　しかし，軍隊同士の戦争はすぐ国内の戦争としても現れ始めます。長州の尊攘論者たちは，長州に続いて全国の大名が攘夷戦争に参加することを期待したのですが，どの大名にもその気配がありません。そこで，彼らは京都に取って返し，今度は天皇を先頭に立てて，その下に大名の軍隊を集め，全国を攘夷戦争に引きずり込もうとしました。天皇に大和（奈良県）の橿原にある神武天皇陵に参拝し，戦勝祈願をしてもらおうと企てたのです。その背後には，もし幕府が攘夷戦争に踏み切らないなら日本の西半分を天皇の直接統治下に置こう，それを幕府が認めないなら倒幕の戦争も始めようという計画までありました。そんな思惑の中で天皇が大和に出かけるという詔勅が下されたのです。

　ところが，孝明天皇自身は，妹の嫁ぎ先の徳川に対する戦争は無論，攘夷戦争の先頭に立つことも嫌っていました。そこで，朝廷に出入りしていた薩摩藩士に頼んで幕府の京都守護職※6だった陸奥会津藩（福島県）と連絡をとってもらい，朝廷から過激派を締め出すことにしました。1863年8月18日，会津・薩摩などの兵で京都御所の門を閉じ，過激派の公家に入門禁止・自宅謹慎を命ずる一方，彼らの背後にあった長州・土佐その他の尊攘家を京都から追放したのです。大和への行幸も中止しました。

※4　薩摩の島津斉彬は，1858（安政5）年に病死したとき，跡つぎに弟久光の息子忠義を指名し，藩政は久光が指導するよう遺言しました。

※5　島津久光一行が江戸から戻る途中，生麦村（神奈川県横浜市）でその行列を馬に乗ったまま通過しようとしたイギリス人が薩摩藩士に殺害された事件。無礼打ちとして行われましたが，外国人はその国内ルールを知りませんでした。

※6　1862年，京都所司代，大坂城代，京都奉行らの上にあって，畿内一帯を守るために置かれました。新撰組もその配下に置かれました。

尊攘家の一部は，大和行幸に合わせて紀伊の五条や播磨の生野（京都府）に
あった幕府の代官所などを襲いました。しかし，本隊の出動が中止された中，彼
らの挙兵は個別に鎮圧されて終わりました。

「公議」政体の追求と挫折：1863～64年

　8月18日のクーデタと尊攘派追放により，京都での攘夷・倒幕論はいったん
下火になりました。その後に生じた課題は，内戦寸前にまで崩壊した秩序をど
う再建するかという問題でした。

　このとき天皇が期待したのは薩摩でした。薩摩は朝廷の下に大大名を集め，
「公議」を行う政府を創ろうと考えていたので，天皇からの招きに応え，実質的
な指導者島津久光を上京させました。そのときには，安政5年の一橋擁立運動の
仲間だった越前の松平春嶽，土佐の山内容堂，伊予宇和島（愛媛県）の伊達宗
城（1818～92年）などにも声をかけ，京都に集まってもらいました。幕府か
らは一橋慶喜が上京しました。彼らはこの機会に幕府を「公議」政体に変える
ことを企てました。天皇の下に徳川と有志の大大名数名から構成される政府を
創り，それを中心に全国が改革に力を合わせる態勢を創る。これは，かつて橋本
左内が考えた改革を天皇の下に実現しようとしたものと見て良いでしょう。

　彼らの段取りは，まず朝廷の会議（朝議）に彼らが加わり，そこで決めたこ
とを江戸から再び上京した将軍に認めてもらう。次いで，幕府の会議（幕議）
にも彼らの参加を認めてもらい，以後の日本統治にあたろうというものでした。
ところが，朝議への参加は実現したものの，幕議への参加は実現しませんでし
た。将軍に従って上京した老中たちが，自分たちを幕府から排除することにな
る大大名の参加に強く反対したからです。老中たちは，会津藩と組んで公議派

大名たちの追い出しにかかり，まず天皇の徳川への信認回復を第一目標として横浜の鎖港という案を提示しました。当時最大の貿易港となっていた横浜を閉じるのは，西洋嫌いの天皇にとって魅力的な提案に見えるはずだったからです。この案は天皇の臨席する御前会議で審議されましたが，薩摩の島津久光はその席で鎖港などできるはずがないと反対しました。老中たちにとってこれは絶好の失言でした。これを聞いた天皇は薩摩への信認をやめ，今度は会津に期待をかけるようになったのです。その結果，公議派大名の幕議参加という最大の課題は審議される前に消し飛んでしまいました。

　こうして，最初の「公議」政体の試みは失敗に終わりました。当時，議論されたのは，日本全体の政策決定に，安政5年に「公論」を主張し処罰された特定の大名4，5人を参加させることでした。これは，270名近くいる大名のごく一部だけを政権に参加させるということです。しかし，いったん「公議」が制度化されると，将来，そのメンバーが他の大名などにも拡がる可能性が出てきます。越前の春嶽は，このときすでに，この政府の下に二院制の議会を設け，下院には庶民の代表を参加させる制度まで考案していました。大大名の政権参加が実現すれば，それを第一歩として政治参加をいずれ庶民にまで拡大する道が構想されていたのです。

　しかし，幕府と会津はこの道を断ち切りました。他の大名の嫉妬も誘って薩摩・越前などの特権を否定し，朝議への参加を辞退させて，国元に追い返したのです。彼らはさらに，徳川将軍を天皇と和解させることにも成功しました。そして，この関係を安定させるために，一橋慶喜を中心に，朝廷（公）と幕府（武）が連携した「公武合体」の体制を創ったのです。安政5年以来の混乱が天皇と将軍，公・武の対立から生じていたことから考えると，これは大きな成果でした。

とは言え，これは同時に徳川が覇権を失う出発点にもなったのです。薩摩や越前は幕府が西洋との条約を維持し，かつ朝廷と和解できるように力を貸したのですが，何の見返りも与えられず放り出されたのです。幕府にはすでに長州という手強い敵がいましたが，さらに他の有力大名も敵に回してしまいました。対立する大名を増やしながら，徳川一門だけで日本全体を治めることができるでしょうか。徳川は，短期的には政権の独占に成功したのですが，長期的にそれを持ちこたえることはできませんでした。目先の利害やメンツにこだわって大損をした良い例と言えるでしょう。

内戦の時代へ──「公武合体」の体制に対する武力反抗：1864年

　桜田門外の変以来，日本のあちこちから小さな反乱が起きました。しかし，1864（元治元）年，「公議」政体の樹立が失敗し，「公武合体」の体制が成立した後には，大規模な武力衝突が始まります。政界は，京都の「公武合体」勢力，尊攘を掲げてこれに正面から敵対する長州や尊攘の志士，そして，「公議」政体の樹立を求めてやまない薩摩・越前ら，この三つの勢力にくっきりと分かれたのでした。

　その中で，最初に大規模な反乱を起こしたのは，水戸徳川家の尊攘派でした。水戸の中は，幕府と提携する保守派の政府，尊攘派の中の過激派，およびその穏健派と，勢力が三つに分かれており，様々な事情が重なって，3月から12月にかけて，大規模な内戦が起きました。尊攘派は多くの農民を味方に抱え込み，筑波山に挙兵した後，水戸城や那珂湊をめぐって保守派や幕府軍と戦いを繰り広げました。途中で尊攘派の穏健派は戦争から下りましたが，過激派の約1000人は水戸から京都を目ざして進軍を始めました。北関東を西に横切り，信州（長野県）

図7　水戸天狗党の乱　筑波山に立てこもった天狗党の首領武田耕雲斎（中央）。

に入って木曽谷に抜け，濃尾平野の北部を西に横切ってから，進路を北に転じ，険しい山地をよじ登って越前の日本海側に抜けてゆきました。真冬の大雪で苦しんだのですが，力尽きて敦賀（福井県）で降参したときにもまだ820人ほどが残っていました。しかし，彼らは幕府側の厳しい取り調べを受け，結局，一度に352名も斬首される羽目になります。この水戸天狗党の乱と呼ばれる武力反乱は，討伐側の死者やのちに水戸で起きた争いも含めると，合計約1800人もの死者を出しました[7]。明治維新の死者は全体で約3万2000人で，世界の革命と比べると極めて少なかったのですが，水戸では例外的に多かったのです[8]。なぜ日本の一部でこんな悲惨なことが起きたのか，皆さん，考えてみませんか。

[7]　『水戸市史』中巻5，1990年。明田鉄男『幕末維新全殉難者名鑑』全4巻，新人物往来社，1986年。山川菊栄『武家の女性』（岩波文庫，1983年）は，幕末水戸の武家の女性と家庭生活を描いた名著ですが，その末尾にはこの水戸の内乱の様子がありありと記されています。

[8]　フランス革命の死者は，共和政期（1792〜99年）だけで約65万人，ナポレオンの時代（1799〜1814年）まで入れると約155万人と，桁違いでした（人口は維新期の日本の約80%）。

一方，この年の7月，長州藩は京都の主導権を取り戻そうと，大規模な軍隊を京都に攻め上らせました。京都の郊外に陣を敷き，去年の追放は不当と訴えたのですが，一橋慶喜の指導する公武合体の政府はこれを受け入れず，18日，長州藩は御所に向かって進軍し，門内まで攻め込みました。会津・薩摩・越前その他の軍隊はこれを迎え撃ち，結局，長州藩は目的を達しないまま退きました。御所が戦場になったので禁門の変と呼ばれます。これは，大名の軍隊同士が戦った最初の内戦となり，京都の南半分が焼けてしまいましたが，その死者は双方合わせて388人でした。

　この戦争の最中，天皇は長州に対して強い反感を抱くようになりました。長州をこらしめ，謝罪をさせねばなりません。そこで，幕府を中心に征討軍が組織され，尾張徳川家の藩主を総督に任命し，諸大名にその手伝いを命じました。その一方，長州藩の内部では征討を避け，藩主の毛利家を存続させるために朝廷に謝罪すべきだとの意見が有力となりました。三人の家老らに切腹を命じ，その首を征討総督に差し出したのです。その結果，征討軍は長州の謝罪を認め，征討軍を解散しました。

　禁門の変はもう一つの戦争までには発展せずに終わりました。しかし，長州が朝廷に攻め込んだ罪は家老の首を差し出しただけでは済みません。藩主自身にどう責任をとらせるか，償いにどれほどの領地を差し出させるかなど，最終処分を決めねばなりません。このとき，総督の参謀となっていた薩摩の西郷隆盛は，これを有力大名の会議にかけようと提案しました。前年に失敗した公議政体をこの問題を使って実現しようと考えたのです。総督はこれに賛成しましたが，幕府の老中や会津の反対によって実現せず，最終処分はうやむやとなりました。

図8　長州征討　第1次征討時, 備中 松山藩（岡山県）の行軍。

　一方, 翌年の1865（慶応元）年には, 幕末の混乱のもとになった条約問題で, 西洋の諸国が連合艦隊を組み, 兵庫港（のちの神戸港）に押し寄せるという事件が起きました。せっかく条約を結んだのに朝廷が認めない, 幕府も横浜鎖港を言い出した, 日本は一方的に貿易をやめるかも知れない。もはや放っておけないので, この際, 京都の近くで軍事的圧力をかけ, 問題の根源だった天皇の意思を変えようと図ったのです。西洋側は兵庫に集結した軍艦に幕府の老中を呼びつけて, 条約の勅許を得るとの約束をさせました。ところが, これを聞いた朝廷は激しく反発してその老中たちを免職にし, すると今度は, 将軍家茂が抗議のため辞表を提出するという大騒ぎとなりました。幕府・朝廷とも困り果てたのですが, このとき, 一橋慶喜は何とか朝廷を説得し, 条約の勅許を獲得して, この長年の問題を解決しました[9]。ただ, このときも大名会議の招集が提案されています。薩摩のもう一人のリーダー大久保利通（1830～78年）がこの問題を大大名の会議にかけて解決すべしと主張したのです。朝廷はこの提案を受け入れず, 公議政体への動きは三度目も失敗に終わりました。

[9]　ただし, 兵庫の開港については延期され, これが2年後に問題となります。

長州征討の失敗から公議政体の一歩手前へ：１８６６年

　さて，その後，もう一度，長州征討軍を送ることが計画されました。長州は，いったんは謝罪の態度を示したのですが，その後，高杉晋作<ruby>高杉晋作<rt>たかすぎしんさく</rt></ruby>（1839〜67年）たち強硬派が政権を奪い，公武合体の体制に対してまた敵対を始めたからです。公武合体政権は長州に最終処分を下す前に鼻を明かされた格好となり，再び征討の勅許を得て，圧力を加えようとしました。当時，将軍は大坂に2万以上の軍を率いて滞在していたので，幕府はこの大軍を前にすれば長州は戦わずして降伏するだろうと期待しました。ところが長州側にはまったく応ずる気がありません。たった一藩でも征討軍と対戦するという意志を固め，その準備を着々と進めたのです。

　その一方，公議政体を樹立する企てを三度も退けられた薩摩は，このとき，ついに徳川への期待をやめ，長州に味方することに決めました。1866年1月，京都にいた西郷・大久保たちは，密かに上京を求めた長州の木戸孝允<ruby>木戸孝允<rt>きどたかよし</rt></ruby>（1833〜77年）と，坂本龍馬<ruby>坂本龍馬<rt>さかもとりょうま</rt></ruby>（1835〜67年）の仲介を得て日本の将来を共にするという盟約を結んだのです。これは，戦争になったときに一緒に戦うという同盟の条約ではなく，戦いの前も後も薩摩ができるだけ長州を助けるというだけの約束でした。とは言え，実際の効果はありました。大久保は幕府の老中から薩摩の出兵を誘われたとき，きっぱりと断わり，これを見た他の大名も参戦に消極的になりました。幕府の出兵要請に応ずる大名はほぼ譜代大名<ruby>譜代<rt>ふだい</rt></ruby>だけとなり，徳川親藩の越前松平家ですら出兵を断ったのです。

　その結果，徳川軍は長州に四方から攻め込んだものの，撃退されてしまいました。場所によっては激戦となりましたが，意外なことに双方の死者は550人程度です。しかし，この戦争の政治的影響は巨大でした。開戦の翌7月，将軍家

茂が敗色が濃くなる中で亡くなると，徳川は停戦を申し込みます。停戦とは言え，これが徳川の敗北ということは誰の目にも明らかでした。以後，もはや徳川の軍事的威力を恐れる者はいなくなり，大名は遠慮なく自己主張できるようになったのです。

　家茂の後は一橋慶喜が継ぐこととなりました。このとき，慶喜は徳川の覇権を維持するには公議政体を受け入れざるを得ないと判断し，越前の松平春嶽と相談を始めました。いわゆる大政奉還（1867年10月）の1年前のことです。ところが，朝廷で起きた騒動がこれを止めました。徳川の敗戦を見た公家は長州征討を勧めた天皇の側近を排斥し，さらに王政復古を実現しようと図ったのですが，天皇が断固これに抵抗したのです。天皇はさらに徳川慶喜との結びつきを再建し，抗議した公家たちを朝廷から追放しました。「あくまでも公武合体で行きたい」，王政復古も大大名の政権参加も不要だ。天皇のこの言葉を聞いた慶喜は，12月，一時は辞退していた征夷大将軍の地位につき，公議政体への移行もやめることにしました。こうして公議政体への移行の機会はまたも失われたのです。

5. 「王政・公議」体制への転換はどう実現したのだろうか：1867〜68年

これまでに見てきたように，安政5年の政変（1858年）で江戸時代の徳川専制の体制が崩壊を始めた後も，徳川の政権はそれなりに維持されてきました。しかし，そのちょうど10年後，王政復古が起きます。二つあった日本のトップが天皇の下に一本化され，それに続いて身分を問わない政府への人材登用や大名の廃止，武士の総失業といった激変が，たった3年半の間に生ずることになったのです。この章では，それがどのように始まったのか，幕末最後の年に起きたことを見てゆきましょう。

最後の大名会議が失敗する：1867年夏

　将軍となった徳川慶喜は，徳川家の組織に大改革を加えました。無駄な役職を廃してそのトップや洋式陸軍に身分を問わず優秀な人材を抜擢し，その一方で西洋に対しては，自らが主権者であるとの態度を示し，西洋風の外交儀礼も導入して，国際社会の中で国の発展を図る方針を明らかにしました。慶喜は幕府の組織を強化し，長州征討の失敗で失った威信を取り返そうとしたのです。

　しかしながら，それは難しいことでした。何より，彼の支えとなっていた孝明天皇が，慶喜の将軍就任直後の1866（慶応2）年末に病で亡くなりました。後を継いだ明治天皇（1852～1912年）はまだ14歳で政治経験がありません。そこで慶喜は，幕府の改革を進めるかたわら，有力大名の協力も得ねばなりませんでした。条約の勅許を得た後も残っていた兵庫の開港問題を，以前に朝議に参加したことのある4人の大名（越前，薩摩，土佐，宇和島）を呼び出し，その同意を得た後に朝廷の会議にかけて決めようとしたのです。しかし，大名の側は別の思いを持って上京しました。戦争に勝った長州の政界復帰，さらにこの会議を恒久化して，天皇の下に彼らが加わった公議政体を創りたいと考えたの

図9　将軍時代の徳川慶喜

です。

　しかし，慶喜は兵庫開港を認めさせた後，大名側の望みは無視しました。薩摩はそれまで何度も公議政体を創ろうと提案してきたのですが，またまた慶喜にそれを拒否されたのです。そのとき，薩摩は「公論」のみによる運動をあきらめ，軍事力の動員を決意しました。すぐ戦争を始めるつもりではなかったのですが，軍事的な脅しを徳川に突きつけない限り，公議政体の樹立は無理と判断したのです。

　1867年夏に行われ，現在四侯会議と呼ばれているこの会議は，最後の大名会議となりました。この後翌年にかけて，薩摩と長州の軍事力動員，慶喜の大政奉還，王政復古，鳥羽・伏見の戦いなどの事件が立て続けに起き，幕府に代わってできた新政府はもはや大名単位の組織ではなくなって，出身の土地や身分を問

わぬ組織になります。

慶喜，大政奉還に踏み切る：1867年10月

　薩摩は鹿児島から軍隊動員の準備をする一方，長州に使者を出して出兵の同盟を結ぶことにしました。他方，土佐とも手を結びます。たまたま入京した土佐の後藤 象 二郎（1838～97年）が王政復古後の政体をどうするか提案したのに賛成し，土佐とも提携することにしたのです。後藤象二郎は，王政に復古し，政権を一人の君主（天皇）に帰すことを基本とし，さらに天皇の下に議会を設け，その議官には公家・大名だけでなく，大名の家臣や庶民も任命しようと提案しました。長い間の懸案だった「公議」「公論」の制度化を王政復古と組み合わせ，そこに庶民まで含めようとしたのです。その前提としては，将軍が辞職し，ただの大名に下って朝廷に仕えることが必要で，それも記しています。後藤はこのとき，同時代の西洋諸国かつ「後世」（つまり私たちのような，のちの世代）から見ても立派と評価されるような制度を創るべしと述べています。幕末10年の政争に関わった人々はめったに理念を語らなかったのですが，その最後に至って，ついにこうした世界と未来を意識した理念，後藤の用語では「大条理」が語られることとなったのです。

　薩摩は長州と出兵同盟を結び，土佐と新政体の盟約を結びました。この二つは矛盾するものではありません。土佐とは王政復古後の政府のあり方で同意する一方，長州とは王政復古を実現する方法として，軍事的圧力を使うことを約束したのです。とは言え，その後の展開はジグザグの道をたどりました。後藤は主君容堂の同意を得るため土佐に帰ったのですが，そこで別の事件に巻き込まれてなかなか京都に帰ってきません。そこで薩摩は長州との軍事同盟に期待を

傾け，大久保利通を長州に送って具体的な手はずを整えました。後藤が主君の承諾を得て京都に帰ったとき，そこではもっぱら薩長の出兵の噂で持ち切りとなっていました。後藤はそこで，将軍慶喜に対し自発的に政権を朝廷に返し，戦争を回避するよう全力を挙げて勧めました。すると，慶喜は意外にもあっさりと政権奉還に同意し，1867年10月13日に大名の家来を京都の二条城に呼び，老中からその意思を伝えさせたのです。翌日には朝廷に大政奉還の意向を伝え，勅許を得ました。

　こういうわけで，王政復古の第一段階は，公論を交わす中，平和のうちに実現したのです。とは言え，次には大きな課題が待ち構えていました。王政復古の後の朝廷で，徳川がどんな地位を占めるべきかという問題です。

二つの王政復古のせめぎ合い：1867年10〜12月

　徳川慶喜の意図は明らかです。新しい朝廷でそのトップにつき，かねて計画していた政治改革をどしどし進める。彼は洋学者の西周（1829〜97年）に命じて新政体の仕組みについて講義を受けました。他方，薩摩にとって，それは困ります。慶喜が引き続き政権の座にあっては，大名側の意見を聴いてくれそうもないからです。かつ，すぐあとに述べるように，大久保ら王政復古のリーダーたちはその先にもっと深い改革を狙っていました。それには，必ず一度は，旧体制の中心にあった徳川家を政権から退けねばならない。というわけで，薩摩の家老小松帯刀（1835〜70年）や，大久保・西郷ら，京都にいた指導者たちは一斉に鹿児島に帰り，藩主自らが大軍勢を率いて上京するよう要請することにしました。ところが，鹿児島では強い反対論にぶつかります。いま藩主が兵を率いて上京したら戦争が始まる可能性が高い，そうなったら最近の長州と同様，

藩の存亡に関わる危機に陥りかねないというのです。大論争が起きましたが，結局は大久保たちの主張が通りました。大政奉還を受けた朝廷が，新しい政体のあり方を協議するため，大名たちに上京命令を出したからです。いままで何度も朝廷に政体改革を働きかけてきた薩摩にこれを断る理由はありません。藩主はこれに応じ，大軍を率いて上京しました。

　このとき，大久保たちは，倒幕を命ずる「討幕の密勅（みっちょく）」と呼ばれる文書を京都で入手し持ち帰っていましたが，藩の決定にどれだけ影響を与えたのか，その効果のほどは分かりません。朝廷の慣習を知る人なら偽造された文書だと分かったはずです。

王政復古のクーデタ：1867年12月9日

　大久保たちは京都に帰った後，朝廷の許しを受けて京都に帰った公家の岩倉具視と新政体をどう創るか，相談を続けました。大政奉還後，朝廷は大名の入京を待ってその会議を開くはずでしたが，上京してくる大名はほとんどありません。そこで彼らは次の手をすぐ打つことにします。そのとき，岩倉が最も苦心したのは，徳川を排除した政府を創り，大胆な改革への道を開く一方，できるだけ多くの大名たちの支持を獲得するために公平な道を探ることでした。こうして計画したのが王政復古のクーデタです。12月9日，宮中で少数の大大名と公家で会議を開き，新政府の樹立を宣言しました。クーデタとは，少数の政治家が政権を奪うために引き起こす事件を言います。いまでも世界のあちこちで軍隊が政府を武力で追い出して権力を奪うことがしばしば見られます。このときは，徳川慶喜を新政府から排除することが狙いとされました。新政府のあり方は京都に大名を集めて決めるはずだったのですが，いつまで経っても会議が開けそ

図10　小御所会議　1867年12月9日に宮中で行われ，新政府の樹立が宣言された。

うもないので，岩倉と薩摩は有力な大名数家だけと結んで決めることにしたのです。

　このクーデタには，注目すべきことがいくつかあります。第一は参加した大名は薩摩，土佐，越前，尾張，安芸広島の五家でしたが，尾張と越前は徳川親藩，土佐ははっきりとした徳川びいきで，安芸は中立，徳川排除を狙っていたのは薩摩ただ一家だったということです。土佐の山内容堂は会議の席上，大政を自ら奉還した功績のある慶喜をここに呼ばないのは不当だと述べ，岩倉や大久保と激論しました。岩倉たちはこれをようやくしのぎましたが，慶喜の懲罰を意味する官位の引き下げや徳川領全体の返上という提案は棚上げとなりました。

　一方，このクーデタにあたっては，薩摩と徳川の双方が戦争の回避に努力しました。実は，徳川慶喜は事前に土佐・越前を通じてクーデタ計画を知っていました。彼はまず京都にいる徳川方をすべて二条城に収容し，その上で全員を大坂城に連れてゆきました。新政府の中での尾張・越前・土佐の交渉にすべて

を任せたのです。他方，薩摩側も大兵力を京都に入れてはいたものの戦争は回避しようとしました。長州の兵は入京させず，大坂湾岸の西宮（兵庫県）に留めています。京都守護職だった会津の軍隊と出会ったらすぐ戦争を始めかねないと心配したためです。その結果，クーデタ後の新政府がどうなるかは，薩摩と親徳川大名の交渉に任されることとなりました。

　ここで，王政復古のクーデタ後，どんな布告がされたか，見ておきましょう。

　　慶喜の大政返上・将軍職の辞退の申し出を認め，王政に復古して新政府を
　　立てる。そのため，幕府だけでなく，平安時代以来の摂関制も廃止する[1]。
　　新政の基本精神は神武天皇が日本を創業した時代に立ち戻ることに置き，
　　公家と武家の別や，御所の宮殿に昇る資格の有無を問わず，至当の「公議」
　　を尽くし，天下と運命を共にするようにしたい。（中略）「旧弊」（古くか
　　らの悪習）を「一洗」するのが狙いだから，広く政府への建言の道をひらき，
　　身分を問わず人材を登用したい。

　王政復古を機会に日本の政体を根本から改める。その主眼は「言路洞開」（意見を政府に上げる道を開くこと）と「人材登用」にあります。それを日本の歴史の初めへ戻ること，つまり「復古」で正当化しました。この頃の日本にはまだ，同時代の西洋で流行していた「進歩」という発想がなかったので，目前の「旧弊」を否定するために，最も遠い「理想の過去」を持ち出したのです。「復古」への訴えはしかし，思わぬ効果を持つことになります。これがもし，徳川時代の否定

※1　朝廷ではそれまで，摂政・関白を出す五家が高い権威を持っており，岩倉のような低い身分の
　　公家は，正式の会議に出席することができませんでした。

や，鎌倉以来の武家政権の否定や，平安貴族制の否定に留まり，律令時代[2]への復古を目ざしたなら，新政府の改革にはいろいろな制約が課されたことでしょう。しかし，それよりもはるか昔の神武天皇の時代にどんな制度があったか，誰も知りません。そこで，王政復古の政府は「創業」にあたってどんな制度を参照しても良いこととなりました。その結果，新政府は天皇中心の秩序を築くにあたり，大胆不敵にも，制度も思想も同時代の西洋から徹底的に輸入する道をとることになるのです。

徳川抜きの王政復古を決めたものとは？：1868年1月

　話を王政復古のクーデタの直後に戻します。岩倉や大久保は徳川の勢力を殺ごうと努力しましたが，議論をしていると，自ら大政奉還をした慶喜の懲罰は難しく，結局，越前や土佐の主張にそって，慶喜の官位引き下げを懲罰色の少ないものに変え，領地も新政府に必要な分を他大名と同様に納入するというところまで譲歩することになりました。さらに，1867年末に至っては，尾張と越前の殿様が大坂に向かい，慶喜からこれらの条件を呑むとの返事をもらいました。越前の春嶽はこれを大晦日に朝廷に報告しましたが，彼らは次には慶喜を新政府の議定[3]に迎えようと提案するつもりでした。もしこれが実現したら，新政府の上層部には議論で慶喜にかなう公家や大名はいませんでしたから，王政復古の政府は慶喜が取り仕切ることになったに違いありません。新政府内の「公論」だけで進んだらそうなったはずです。

　ところが，思わぬ波乱が起きました。年が明けた1868（明治元）年1月，大坂から会津・伊勢桑名（三重県）や旗本の兵隊が京に向かって進軍を始め，京都の南にある鳥羽と伏見で，薩摩軍，そして直前に入京していた長州軍と衝突

したのです。結果は，薩・長側の勝利となりました。幕軍がなぜ上京したのかというと，大政奉還以来江戸で不満が高まっていたところにクーデタの知らせが届き，沢山の旗本がこれに抗議するため江戸から大坂にやってきたこと。さらに，江戸警備にあたっていた出羽庄内藩（山形県）の兵士が江戸の薩摩藩邸を焼き討ちするという事件が起き，その知らせで双方の敵対感情が一気に高まったこと。慶喜は大坂城にみなぎる不満を抑えきれず，兵たちの上京を許しました。

　しかしながら，徳川方の動きは慶喜自身が指揮しなかったためばらばらでした。薩・長側は徳川方の攻勢を予想して準備していたため，上手に迎え撃ちました。徳川方は鳥羽・伏見で負けた後，途中にあった老中の城，淀城へ逃げ込もうとしましたが，門を開けてもらえず，以後は敗走に敗走を重ねることとなりました。その様子を聞いた慶喜は密かに大坂城を脱出し，大阪湾から軍艦に乗って江戸に向かいました。勝負はこうしてあっけなく決まったのです。

　王政復古のクーデタ前後の政治は，軍事力が京都に集まったにもかかわらず，公論によって展開しました。そのため，一時は徳川慶喜が新政府の中心に立つ可能性も高まったのです。しかし，戦いの小さな火花が散ったとき，公論の成果は吹き飛んで，軍隊同士の戦争が始まりました。この鳥羽・伏見の戦いは死者

※2　律令時代とは，8世紀の初めに制定された「律・令」という成文法が実行されていた時代を指します。「律」はいまの刑法にあたり，「令」は政府の組織を指定した法です。のち，これらは次第に実行されなくなっていました。しかし，のちの人々が理想の政府の姿を国内に求めようとすると，「令」までさかのぼって参照することになります。島津久光は幕末最後の頃，令の注釈書を読んでいました。

※3　王政復古の布告は，新政府を総裁・議定・参与の三職で組織すると定めています。議定には公家と大名が任命されました。

が400人弱で，戦争としては小規模で終わりましたが，その政治的結果は絶大でした。徳川が政権に復帰する可能性はなくなり，逆に，薩・長がその後の新政府をリードするようになったこと。また，親徳川だった土佐・越前・尾張が徳川を見限って薩・長側についたことです。

　さらに興味深いことに，日本の西部と中部の大名たちはすぐこの政府を支持するようになりました。徳川追討の軍が組織されたとき，これに逆らった大名はたった一家で，それもすぐ降参しました。また，討伐の対象となった肝心の徳川も，再び戦いに訴えることはなく，江戸城を明け渡しました。つまり，全国が薩・長対徳川の全面戦争になりかねない状態になったとき，大名のほとんどは，京都の小戦争に勝った側に「付和雷同」を決め込んだのです。この危機に割り込み，自らも権力争いに加わるという選択肢もあったはずですが，大多数は戦争を回避し，かつ公論を掲げて抗議することもなく，勝った方の味方になって身の安全を図ったのです。彼らの自主的な判断はどこに行ったのでしょうか。しかしながら，この「付和雷同」のおかげで，この政体転換の中で犠牲になった人々は少数に留まりました。あとに述べるように，東北では戦争が起きましたが，それは新政府としては起きてほしくない戦争でした。

最初の憲法「政体」は何を定めたのか

　鳥羽・伏見の戦い以後の新政府は，全国の支持を集め，徳川を降伏させる努力をする一方で，政府自体の組織の整備にも努めました。その最初の一つは人材を集めることで，1868年1月に徴士と貢士の制度を設けました。徴士とは政府に必須の人材を全国から集めることで，貢士とは藩の代表を中央に集めて各藩の世論・公議を知るために設けた制度です。3月14日には，国家の基本方針

図11　五箇条の誓文を読み上げる三条実美

として五箇条の誓文を定めました。内容は次の通りです。

　　一　広く会議を興し，万機公論に決すべし
　　一　上下心を一にして，盛に経綸を行ふべし
　　一　官武一途，庶民に至る迄，各其志を遂げ，人心をして倦まざらしめ
　　　　んことを要す
　　一　旧来の陋習を破り，天地の公道に基くべし
　　一　智識を世界に求め，大に皇基を振起すべし

　このうち，第一条に注目して下さい。政府の決定すべてを会議の「公論」を
通じて行うようにと命じています。「公論」は安政5年の政変の中で初めて登場
した言葉でしたが，その10年後には，新政府が重視すべき最も大事な原則とし
て世に宣言されたのです。この条は原案では五箇条の最後に記され，会議する

のは大名と想定されていたのですが，長州出身の木戸孝允が最初の条に移し，さらにもっと一般的な原則に変えたのでした。この公論は新政府の中で直ちに実行されます。徴士として各官庁の役人に抜擢された武士たちは，長官となった公家や大名ともともとはめったに口がきけない低い身分だったのですが，これからは対等に議論してどしどし政策を決めてゆくことになったのです。

　この五箇条は，京都御所の正殿である紫宸殿で，天皇の臨御の下，公家の三条 実美（1837〜91年）が天皇の代理として神々に向かって読み上げました。その後，その場に集められた公家や大名が署名し，さらに政府に登用された主な官僚たちも署名しています。神々に誓う形で，天皇と臣下が国の基本方針を誓約したわけです。その内容は，政府が2月から刊行を始めていた『太政官日誌』に載せられて全国に知られることとなりました。

　政府はその翌々月，最初の憲法を創り，公表します。「政体」※4です。この語は漢字文化圏に古くからある言葉で，政治の「体」，基本的仕組みという意味です。その最初には五箇条の誓文が基本原則として掲げられ，そのあとに，中央政府である「太政官」の組織方針と構成を記し，ついで地方の「府」「藩」「県」の構成，および「官」＝政府に任用する人々の位を九等に分けることを定めています。

　そのうちで最も大事だったのは「天下の権力，総てこれを太政官に帰す」ことです。幕末の動乱が近世国家にいた二人の君主の対立から始まったこと，さらに新政府が270近くの大名たちから服従を確保する必要に迫られていたことを思えば，当然でしょう。次に大事だったのは，各官庁の長官に皇族・公卿・大名以外は任命しないとしながらも，次官以下は徴士の法により「藩士・庶人」も用いると定めたことです。「賢を尊ぶ」ためと説明していますが，これこそ，

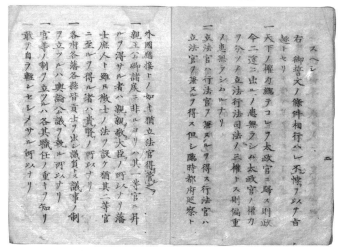

図12 「政体」

※4 多くの教科書には「政体書」として紹介されていますが，当時，政府が印刷して販売した冊子には，表紙にも本文にも「政体」と明記されています。なお，「憲法」とは国家の基本法のことです。日本では大日本帝国憲法がその最初と考えられてきましたが，「政体」は国家の骨組みを定めたものなので，これも確かに基本法と言えます。広く言えば古代の「律令」の「令」もそれにあたります。

幕末に活躍した志士たちが心の底で熱望していたことでした。事実，15年後の1883年には，高等官の約3分の1は庶民出身になっています[5]。安政5（1858）年，橋本左内はこれを夢見ながら身を挺して政治運動に乗り出し，そのために処刑されたのですが，王政復古の政府は最初にこれを宣言し，実行にかかったのでした。

東北で戦争が起きた：1868～69年

　新政府は初め，江戸の徳川をどう屈服させるかに苦心しました。西国の大名を組織して征討軍を出発させましたが，できれば戦争を回避したいと考えていました。江戸では，例えば東海道の難所，箱根（神奈川県）の山に陣取って徹底的に抗戦しようとの意見もありましたが，徳川慶喜は隠居して上野の山にこもり，さらに水戸に去って謹慎しました。後を任された勝海舟（1823～99年）は，江戸の市中の安定を図る一方，征討軍の西郷隆盛と交渉し，結局，1868年4月に江戸城を無血開城し，新たに当主となった徳川家達（1863～1940年）を家臣の一部とともに静岡に移封させることで決着をつけました。旗本は家達について静岡に移ったほか，江戸に留まったり，武士身分を脱したりする人もいましたが，武力で抵抗することはありませんでした。上野の山にこもって抵抗した人もいましたが，彼らのほとんどは元は庶民で幕府の軍事組織に雇われていた人たちです。

　これに対し，東北地方は不穏でした。会津が新政府の征討目標の一つだったからです。会津は幕末には公議論に反対し続け，鳥羽・伏見の戦いでは徳川方の主力として薩・長と闘いました。新政府は初め，陸奥仙台（宮城県）・出羽米沢（山形県）など東北地方の有力大名を通じて降伏と開城を要求しましたが，

図13　会津若松城を攻める新政府軍

　会津はこれを拒み，逆に東北大名のほとんどを味方に引き込みました。越後長岡藩（新潟県）とも連携して奥羽越列藩同盟を結んでいます。彼らは同盟を固めるために仙台領の白石に代表を送り，「公議所」と名づけました。とは言え，彼らは幕末に越前や薩摩などが徳川に繰り返し要求していた「公議」，有力大名の政権参加にはずっと無関心だったのです。当時の東北大名は西日本の大名と違って京都で生まれた新たな未来像に気づいていませんでした。このため，彼らは，王政復古のクーデタや鳥羽・伏見の戦いの後の新政府は薩・長が徳川の天下を奪ったものに過ぎないと見なし，そのために会津に肩入れし，ついに全面戦争にまで踏み込んだのです。

　東北の戦争は関東から奥羽への入口にあたる白河や平（いずれも福島県），そ

※5　升味準之輔『日本政党史論』第2巻，東京大学出版会，1966年，28頁。政府の役人は，高等官，判任官，属の三つに分けられ，政策の決定は長官や次官を含む高等官が担いました。のち，1887年に試験採用が定められるまで，それらの任用は現職者の推薦によって行われました。

5.「王政・公議」体制への転換はどう実現したのだろうか：1867〜68年　65

して長岡周辺で激戦となりましたが，9月22日に会津が落城したことで終わりました。蝦夷地（北海道）に向かった徳川海軍は箱館（函館）にこもって抵抗を続けましたが，冬を越した翌年5月に降伏しています。この戊辰内乱（戊辰戦争）全体で亡くなった人々は敵味方を合わせて約1万3600人でした※6。江戸時代200年以上の平和や先に見た幕末の武力紛争と比べると規模が格段に大きかったことが分かります。しかし，同時代に起きたアメリカ南北戦争※7の62万人やドイツの統一過程で起きた三戦争の21万人と比べると※8，一桁は少ない。これは，戦争の範囲が東北に限定されていたことによるのでしょう。徳川家や西部・中部の大名が新政府に武力抵抗しなかったことが犠牲を最小限に留めたのでした。

　戦後には負けた側の処罰が行われましたが，それは比較的に寛容でした。こうした戦争では時に勝者が報復に走り，相手側を虐殺したり，厳しい処分を課したりすることがあります。しかし，このとき，政府は大名を死刑にしたり，領地を奪ったりはしませんでした。罪状が重い場合は大名の代わりに重臣を処刑しましたが，それも多くはありません。最も罪が重いとされた会津は，領地・家臣を大幅に縮小した上で，寒風吹きすさぶ下北半島（青森県）に移されました。そこでの苦労は広く語り伝えられています※9。しかし，この戦争を遠くから眺めると，全体として処罰が寛大だったことが分かります。徳川慶喜は，幽閉はされたものの命は奪われず，約40年後には罪を赦されて華族（第6章，76頁参照）のうち最高位であった公爵の地位を与えられます。大名の家臣たちは失業してみな苦労しましたが，その子供たちには新政府が設けた高等教育機関に入学し，生活費を支給されながら学ぶ機会も用意されました。会津からも，さすがに政治家になった人はありませんが，軍人として活躍した柴五郎や，東京帝国大学

の総長になった山川健次郎，その妹でアメリカに留学し，薩摩出身の政治家大山巌（西郷隆盛の従兄弟）に嫁いだ山川捨松など，新たな道に進んだ人も現れています。

　戊辰内乱は戦争としては小規模でしたが，あとに大きな影響を残しました。それは，大名の中で上級武士の立場が弱まり，中下級武士の地位が高まったことです。この戦いでは双方に銃隊による戦いが求められました[10]。以前は，上級武士が馬に乗り自分の家臣を引き連れて戦場に出ていたのですが，この度は銃を持った兵隊が主力になったので，上級家臣は出る幕がなくなり，逆に実戦で功績を挙げた中下級家臣たちが戦後に大いばりすることとなったのです。

　他方，大名の家はほとんどが戦争に動員され，その結果，経済的に苦しむこととなりました。以前から沢山の借金を抱えていたのですが，戦争によって家計はますます苦しくなりました。そのため，自ら領地返上を申し出る藩すら出ています。他の大名も事情はほぼ同じだったので，2年と少し後に廃藩を命じられたとき，抵抗した大名はありませんでした。借金を新政府に肩代わりしてもらい，ほっとした大名も少なくなかったようです。

※6　奈倉哲三「招魂　戊辰戦争から靖国を考える」『現代思想』2005年8月号，108頁。

※7　1861～65年。アメリカ南部と北部が奴隷制度や貿易制度をめぐって戦った内戦。戦死者の数はアメリカ合衆国の戦争の歴史で最多でした。

※8　ドルー・ギルピン・ファウスト『戦死とアメリカ』彩流社，2010年。ドイツ統一戦争（デンマーク，オーストリア，フランスと）は次から計算しました。Micheal Clodfelter, *Warfare and Armed Conflicts: A Statistical Encyclopedia of Casualty and Other Figures, 1492-2015*, Fourth edition, Jefferson, North Carolina: McFarland & Company, 2017.

※9　石光真人編著『ある明治人の記録―会津人柴五郎の遺書』中公新書，1971年。

※10　保谷徹『戊辰戦争』吉川弘文館，2007年。

6. 新政府の連発した改革はどんな緊張を生んだの だろうか：1869〜77年

戊辰内乱が終わった後，新政府は矢つぎばやに改革に取り組みました。その中で最大の課題となったのは，中央政府の権威を大名に受け入れさせ，日本の国家としての統合度を高めることでした。

廃藩置県―王政復古の次の課題と「公議」：１８６９～７１年

　王政復古の前後，薩摩と長州には，大名の領分を中央政府に吸収してしまおうという考えを持つ人がすでにいました。薩摩の寺島宗則（てらしまむねのり）（1832～93年）は王政復古のクーデタの直前に，薩摩藩主に対し，大名の領地をすべて朝廷に献上しようと提案しています。また，鳥羽・伏見の戦いの後，長州から上京して政府首脳に加わった木戸孝允は，政府のトップについたばかりの三条実美と岩倉具視に対し，大名の領分を廃止し，日本を完全な中央集権国家に変えようと提案しました。三条と岩倉はこれを急進的すぎると取り上げませんでしたが，木戸は長州の主君の納得を得た上で，東北の戦争が終わった後，これを再び主張し始めました。薩摩の大久保利通と相談した上で，1869（明治2）年1月，長州・薩摩・肥前・土佐の領主に，連名で彼らの土地（版）と領民（籍）を朝廷に返上したいとの上書を差し出すように仕向けたのです。その理屈は，いま大名が領内統治の根拠にしている統治許可書は徳川将軍からもらったもので，王政復古の後では不当なものとなった，朝廷に返上すべきだというものでした。他の大名がこれに付和雷同することを期待したのでしょうか。返上した後に天皇からまた統治許可証をもらえるかどうかは記していません。

　その一方，政府は，日本の将来をどうすべきか，藩の代表たちに尋ね，その公論も聴きました。以前の貢士を「公議人」と名を改め，1869年3月に「公議所」を開いて，様々の議案を審議させたのです。それは66もの多数に上りましたが，

うち最も重要だったのは政府委員の森有礼（1847～89年）が提出した「御国体の儀に付，問題4条」でした。森は幕末に薩摩が送り出した英米留学生の一人で，アメリカで学んだ後に帰国し，公議所の運営を担当していました。その議案は，次の通りです。

第一　現在わが国体は封建と郡県が半々まじっている姿だ。将来の国是は果たしてどうすべきか。第二　もしこれを改めて一つに帰そうとするなら，その制は封建に帰すべきか，あるいは郡県に帰すべきか。その理・否，得・失は，果たしてどうだろうか。第三　もしすべて封建にするなら，これをどう措置したら，人情・時勢にかなうだろうか。第四　もしすべて郡県にするなら，これをどう措置したら，人情・時勢にかなうだろうか。

　森の意図は，江戸時代のように中央の君主と地方の領主とが個々別々に主従関係を結ぶ「封建」をやめ，中国の歴代王朝のように，中央政府が国土の隅々まで直接の統治を及ぼす「郡県」の制度[※1]に変えることでした。これに賛成する藩は41家ありましたが，大名が事実上そのまま統治を続ける「封建」を維持したいという公議人も少なくありませんでした。とは言え，その人々も従来より中央政府の権力を強くすべきだという点には賛成しており，江戸時代のままで良いという主張はありませんでした。これは，幕末以来，彼らが西洋の脅威を強く意識し，「日本」としての結束を強めるべきだと考えていたためです。公議所では様々の意見が表明されましたが，これを一つの意見にまとめたり，多数決で一案に決めたりすることはなされませんでした。議会と違って，諮問機関に過ぎなかったからです。とは言え，政府は公議所を通じて，どんな世論が藩代

表の中にあるか，いわば世論調査ができたのでした。

　このような手続きを踏んだ上で，6月17日に天皇は四大名の提案を受け入れ，大名の版籍奉還を認めるとの詔勅を出しました。大名たちに再び統治許可証が与えられることはなく，彼らは元の藩を一代限りに治める知藩事という，中央政府の役人の一人に立場が変わりました。また，この詔勅の後には，各藩に対して，従来の統治の仕組みを調査し，報告することが命じられました。その中で，各地方の統治にあたる「藩政」と大名の家族の生計を担う「家政」とが分離されました。大名は藩の収入の1割を与えられて生活することとなる一方，家臣たちは大名との君臣関係を解かれた上で，「士族」として「藩政」を担うこととなったのです。その1年あまり後（1870年9月），各藩からの報告に基づいて「藩制」が公布され，それまでまちまちな形で行われていた地方の統治は，全国画一，まったく同じ方式で行われることになります。形はかろうじて「封建」の姿を残したものの，これで新政府による地方統治の能力は格段に上がったのです。

　そのまた1年足らず後の1871年7月，今度は藩がすべて廃され，県となりました（廃藩置県）。大名たちは，豊かな収入や高い名誉と引き換えに，みな地方の統治から離れて東京[2]に移住するよう命じられました。各府県は東京の政府が他府県の出身者を長官に任命し，直接に統治するようになりました。こうして，世界史に珍しい270近くの国からなる分権的な国家は，その正反対の一つの集権的な国に変わり，人々はそのどこにでも自由に行って住めるようになっ

※1　秦の始皇帝（在位前221～前210年）が創った制度で，全国を36の郡に分け，その下に多くの県を置いて，皇帝直属の官僚をこれらに送り，定期的に交代させて統治する仕組みです。明・清の時代（14～20世紀）には省と府・州・県と名が変わりましたが，この統治の仕組みはほぼ同じでした。

※2　新政府は1868年7月，江戸を東京と改名し，翌年には天皇を迎えて，事実上の首都としました。

たのです。

戦功ある軍隊は扱いが難しい

　廃藩置県による中央集権化は王政復古当時からの理想が実現したものです
が, 版籍奉還のときと違って, 公論を抜きにして突然命令が下されました。その
原因の一つは, 戊辰内乱の後の軍隊の待遇にあったと思われます。内乱が終わっ
た後, 各藩の軍隊は故郷に帰り, 多くは解散されました。新政府に反抗した勢力
が打ち負かされた以上, 軍隊の維持は不要になったからです。ところが, 戊辰内
乱で官軍の主力として活躍した藩の軍隊は, 解散するどころか, 新政府から正
当な待遇を受けて当然だと考えていました。しかし, 財政に苦しんでいた新政
府はその望みに応えられません。

　長州藩では1869年11月, 幕末に活躍した諸隊を整理し, その一部を常備軍に
変えようとしました。そのとき約1800人が解雇されたのですが, 彼らは強い不
満を持ち, 脱走したり, 旧主の知藩事の公邸を取り囲んで気勢を上げたりする
など, 激しい抗議運動に出ました。政府は翌年, 常備軍などを使ってようやく鎮
圧しています。一方, 土佐では逆に軍隊の強化が行われました。そのリーダーの
板垣退助 (1837～1919年) は, 薩摩と長州は遠からず仲違いするはずだから,
それにつけ込んで土佐の軍隊を上京させ, 新政府の指導権を奪おうと考えてい
ました。戊辰内乱は, その経験者の一部に天下の再乱を望む人々を生んだので
す。内乱で負けた東北藩のほとんどが抵抗する気力を失った一方, 勝った側の
一部は天下再乱を期待したのです。

　このような動きは版籍奉還後の政府にとって危険極まりないことでした。当
時, 鹿児島に帰り, その軍団の指導者となっていた西郷隆盛は, これを「尾大の

図14　板垣退助

「弊」, つまり尻尾のはずの兵隊が頭である政府を振り回す害悪と表現しています。これに対する彼の答えは, 地方の有力な軍隊を東京に集め, 天皇直属の「親兵」とすることでした。彼らに生活基盤と名誉を与え, 天下再乱の芽をつもうとしたのです。政府はこの提案にそい, 翌1870年春, 薩摩・長州・土佐の軍隊を上京させ, 親兵としました。政府はこれで初めて本格的な直属軍を持つことになったのです。それは, よく言われてきたように, 直後に行われた廃藩置県のために諸藩への軍事的圧力を用意したというよりは, 最も危険な軍隊を天皇の直属軍とし, 反乱に訴える機会をなくしたと理解した方が良いと思われます。

　しかし, この突然創られた「親兵」(のち「近衛兵」と改称)には予算がありませんでした。当面は宮中のお金を借りてやり繰りしましたが, 長続きはできません。この大軍を養うべきお金はどこから得たら良いのでしょうか。当時の陸軍幹部は, 廃藩し, その収入をすべて中央政府に移すことで解決しようと考えたようです。彼らは手分けして薩・長の有力な政治家を説得し, その同意を

得ることに成功しました。西郷がこの案を受け入れ，木戸孝允が悦んだのは当然のことです。この廃藩置県はまた，土佐や長州の軍隊を地元の政府から引き離すことにもなりました。廃藩後，一般に府県の長官には他県出身者が赴任し，地元本位の統治を改めてゆきました。ただ，一つ例外があります。薩摩ではずっと鹿児島出身者が県令を務め，中央の命令は行き届かなかったのです。薩摩軍が親兵として上京した後はまだその害は少なかったのですが，のち，征韓論政変（1873年）※3で彼らが政府を辞めて故郷に帰ると，薩摩は東京の政府にとっていつ反乱を起こすか分からない危険な土地に変わります。

武士の総失業と身分制の解体：1871〜76年

　廃藩置県は中央集権化を実現しただけではありません。このとき，武士たちは全員が解職されました。江戸時代の統治を担っていた身分がなくなってしまったのです※4。これは世界の革命の中で行われた最も厳しく全面的な権利の剥奪の一つでした。武士のごく一部はあとで反乱を起こしますが，大多数はおとなしくこれを受け入れました。これは驚くべきことです。現に権力を持っている人が，やすやすとそれを手放す。めったにないことです。彼らは，ペリーの到来以来，日本を西洋の脅威から守るために心をくだき，それに必要な改革を受け入れてきました。一部のリーダーが実現した王政復古と公議も支持しましたが，まさかそれが自分の失業，統治の権利と名誉を失うことにつながるとは予想もしていなかったに違いありません。ただし，彼らは仕事は失ったものの，「士族」という「平民」と異なる尊称を与えられ，先祖代々政府からもらってきた家禄も維持することができました。しかし，戊辰内乱以来，彼らの家禄はどんどん減らされます。大名は戦争の費用をひねり出したり借金を返済したりする

ため，まず家臣への支出を削りました。廃藩後，家禄の支払いは中央政府が引き継ぎました。しかし，その政府は殖産興業などの開発資金を必要としていたので，働かない人々にお金を払い続けるわけには行きません。結局，1876年，家禄を国債（民間からの国の借金）に変えて，その利子だけを払うこととし，その国債もいずれ買い取って全面解消することにしました。その結果，武士の中で以前の生活水準を国債の利子だけで維持できたのは，わずか0.2％に過ぎなかったということです[5]。武士のほとんどは新しい生計の道を探さねばならなくなりました。約3分の1は府県や中央政府の官吏（かんり）に雇われて統治の仕事を続けましたが，残りの人々は商業や農業に転ずるほか，東京・横浜・大阪などの大都会に移住して，軍人・学校教師・新聞記者・法律家など，新しくできた知的職業についたようです[6]。

　身分制の解体は武士だけに留まりません。穢多（えた）・非人（ひにん）と呼ばれてきた被差別身分もまた，廃藩置県の直後に廃止され，平民に統合されました。これは，明治政府が，日本の住民すべてに公平に課税する方針をとり，それまで税を支払っ

※3　1869年以来，朝鮮との間で国交の更新をめぐって紛争が起きていました。日本政府の中ではこれを出兵で解決しようとの意見が強まりましたが，岩倉使節団で欧米から帰国した岩倉，大久保，木戸らは強く反対し，宮中に工作して征韓の閣議決定をくつがえしました。征韓を主張した西郷や板垣，江藤新平（えとうしんぺい）らはこれを不満として辞職し，それぞれの地元に帰りました。

※4　その具体的な様子は長野県飯田市（いいだ）を舞台とした次の本に生き生きと描かれています。池田勇太『武士の時代はどのようにして終わったのか』歴史総合パートナーズ第14巻，清水書院，2021年。

※5　中村哲『明治維新』集英社，1992年，291頁。落合弘樹『秩禄処分―明治維新と武家の解体』講談社学術文庫，2015年。

※6　武士がなぜ解職に抵抗しなかったのかは，明治維新最大の謎です。それを解くには，藩ごとに武士のゆくえを調べ，全国で比較する必要があります。

ていなかった武士・公家・寺社や被差別民からも税をとろうとした結果，起きたことでした[7]。被差別身分の解体は，武士の場合と同じく，人間平等という理想に照らすと身分の世襲は不当だといった高尚（こうしょう）な理念から行われたことではありません。また，この差別の廃止は，実際の効果が生ずるまでには100年を超える年月がかかり，いまなお完全には達成されていません。しかし，日本で人々を平等に扱うのはこのときに初めて始まったのです。のち，第二次世界大戦後に男女の平等が憲法に書き込まれましたが，その実現がなお途上にあることはご存じの通りです。合わせて考えてみてはいかがでしょうか。

　他方，明治の日本には新たな貴族も創られました。皇族のほか，元の公家と大名はまとめて「華族」とされ，特別な地位を与えられました。彼らは，大名の場合は元の藩の収入の1割を与えられて，比較的に裕福な生活を続けました。のち，大日本帝国憲法が制定されたときには，二つの議会のうち貴族院の中心勢力となって，衆議院に選出された国民の代表と並び，法律や予算の制定に関わることとなります[8]。ただし，私生活での彼らの権利は，他の国民と同様となりました。古代以来，罪をおかした貴族については身分に応じて別々の刑罰が与えられていたのですが，明治時代に作られた刑法（1880年）では，士族や平民と同じ刑罰が下されるように変わりました。

メディアの登場：「公議」「公論」の担い手が拡がる

　さて，「公議」「公論」に戻りましょう。廃藩置県で日本が一つの国に統合された後，今度は民間人の政治参加が課題となりました。明治政府の役人たちは，日本が西洋と対抗しつつ発展するには，自分たちが改革にはげむだけでは不十分であり，日本の住民すべてを国の進歩に関心を持つ「国民」に変えねばなら

ないと考えていました。ただし、ここで留保をおかねばなりません。彼らが考えていた「国民」は男性だけです。いま思うと不思議なことですが、19世紀には女性を秩序の主体と考える国は世界に一つしかなかったのです[9]。

　住民の政治参加。明治の日本でこれは、幕末に始まった「公議」「公論」を拡大したものと考えられました。幕末ではまず、橋本左内が述べたように、大大名のうち一部の有能な人々が幕政に参加することが考案されました。政府の中で政策を議論する人々を、ごくわずかながら拡大しようとしたのです。次いで、尊王攘夷の運動が始まると、大名の家臣や庶民の一部が「公論」の担い手として登場しました。王政復古の政府ができると、彼らの一部は官僚に登用され、公家や大名の出身者と対等な立場で議論し、政策を決めるようになりました。幕末に比べると政治に携わる人はかなり増し、身分的な制約も解かれたのです。しかし、一般の庶民はまだ政治に関わるべきものとは考えられていませんでした。

　「公議」「公論」とは、「公共の問題」の解決にあたり、関係のある人々が集まって会議し、対等な立場で議論して決定を下すことです。ただし、会議に集まって議論できる人数には限りがあり、その外にいる人々は問題を知り、発言する方法がありません。「関係のある人々」を拡大するには何が必要でしょうか。それはいまで言うメディアです。19世紀までは世界的に新聞がその主なものでした。社会が抱える問題や情報や意見を紙に印刷して出版し、それを不特定多数の人々が買って読む。すると、政府の外にいて「公共の問題」に関心を持つ人々の数が飛躍的に増えます。また、政治決定の公開性も高まります。幕末の「公論」

※7　丹羽邦男『地租改正法の起源―開明官僚の形成』ミネルヴァ書房、1995年。

※8　浅見雅男『華族誕生―名誉と体面の明治』講談社学術文庫、2015年。

※9　前田健太郎『女性のいない民主主義』岩波書店、2019年、77頁。

は，大名の御殿での会議とか，個人的な面談，手紙の交換，お茶屋での会合など，閉じられた空間で行われていたのですが，新聞が刊行されるようになると，議論の空間が広く開放されます。また，西洋にならって演説会が催されるようになると，不特定多数の聴衆の前で対面で政治議論を行うことも始まりました。「公議」「公論」は，メディアの登場により，会議の場での対等な議論に加え，「公開」性を一気に高めて，政府外の人々が政治に参加する条件を創り出したのです。

　日本で新聞が刊行され始めたのは幕末のことです[10]。横浜や兵庫などの開港地にやってきた西洋人は，初め中国に設けられた西洋の開港地，上海（シャンハイ）や香港（ホンコン）で刊行されていた新聞を輸入していたのですが，日本の開港地でも自分で英語やフランス語の新聞を刊行し始めたのです。徳川幕府は，それらのうち日本関係のものを，洋学の教育機関である洋学所の学者に翻訳させ，江戸城の中で回覧しました。そのごく一部は印刷・刊行もしています。しかし，一般人が新聞を刊行・販売し，それを人々が争って読むようになったのは1868年，戊辰内乱が始まった頃でした。徳川の学者が江戸で印刷・刊行したのが始まりで，その主な中身は政治的事件，とくに戊辰内乱のニュースであり，徳川方が有利との宣伝に努めました。新政府は江戸を支配下に置くとその発行を禁止しましたが，翌年には発行を解禁し，その後は様々の新聞が販売されるようになりました。政府が規制を緩めたのは，新聞は人々に文明開化を教える効果的な手段だと考えたからです。当時の新聞では政治の議論は避けられ，外国貿易の状況など様々の記事が，おりから急速に整備されていった船便や鉄道，郵便網をたどって，全国に伝えられるようになりました。

　新聞で政治論が復活したのは，1874年のことでした。『日新真事誌（にっしんしんじし）』という新聞が「民選議院設立建白」という，征韓論政変で政府を辞めた高官たちが左

図15 『日新真事誌』第206号（1874年1月18日）　最下段に
「民選議院設立建白」が掲載されている。

院※11に提出した意見書を掲載したのがきっかけです。いまの政府は高官たちが
専制しているので日本の未来はあやうい，国が発展するには「天下の公議」を
政府が採用することが不可欠で，それには民間から選挙された代議士たちによ
る国会を開かねばならないという主張でした。この民選議会設立論は大きな反

※10　稲田雅洋『自由民権の文化史—新しい政治文化の誕生』筑摩書房，2000年。塩出浩之「明治維
　　　新と新聞」，岩井淳・山崎耕一編『比較革命史の新地平—イギリス革命・フランス革命・明治
　　　維新』山川出版社2022年。

※11　太政官には決定を行う正院に加え，法律について調査・議論し，民間からの上書も受けつける
　　　機関として左院（のち元老院となる），および各省の長官・次官の集まる右院が置かれました。

響を呼び，直後から新聞と新聞の間で賛否や導入の時期をめぐる議論が活発に交わされるようになりました。明治時代の日本の大きな特色となった民間の自由民権運動はこのメディア上の議論が出発点として生まれたのです（第7章）。

議会による決定が注目された理由

　では，「天下の公議」を実現するには「民選議院」が必要というアイデアはどこから来たのでしょうか。実を言うとかなり前，幕末の半ば頃からのことです。1861年，幕府の蕃書 調 所（幕府の洋学研究教育機関，のち洋学所）の教授手伝いだった加藤弘之（1836～1916年）が『鄰草』という論文を書きました[※12]。それは，二度のアヘン戦争[※13]に負けた清国を救うにはどんな改革が必要かを対談の形で述べたものでしたが，実のところは公には議論できない日本の政体改革を隣国のことに仮託して書いたのです。加藤はそこで，君主専制の体制は明君の時代には有効だが，いつも明君がいるとは限らず，しばしば暴政が起きて国が崩壊する。それを防ぐには，「大律」（＝憲法）と「公会」（＝議会）によって「王権」を制限すると良い，そうすればたとえ暗君であっても明君に劣らない立派な統治ができるだろうと述べています。彼は，政治の仕組みをいくつか挙げながら，君主と人民が権力を分かち合う「上下分権」の政体が理想と述べました。加藤は，元は蘭学を勉強した人でしたが，1860年にプロイセンの使節が来たとき，ドイツ語も学び始めました。その直後に書かれた『鄰草』には，最近の西洋ではロシア・オーストリア・トルコ（オスマン帝国）以外の国は皆「上下分権」の国となったと書いています。

　加藤は幕末最後の年である1868年になって，このアイデアを『立憲政体略』として公刊しました。そこで彼は「上下分権」を「君民同治」と言い換え，さ

らにこれを「立憲政体」（憲法と議会による政治）の一種として推しています。いまでも使われる「立憲政治」という語は，ここから始まったのです。新政府ができた後，彼はその役人になりましたが，1870年には天皇に学問を進講することになりました。そのとき，彼はドイツの学者ブリュンチュリ（Johann Kaspar Bluntschli，1808～81年）の『一般国法学』の翻訳に取りかかり，一まとまり訳すごとに天皇に進講しています。これはドイツだけでなく，英・仏・米などで生まれた近代的な国家制度について比較・分析した本で，その中には，立憲君主制，代表民主制，国民国家，身分的特権の否定，国家と宗教の分離などの考えが記されていました[14]。明治天皇は，実は，日本人の中で最初に西洋近代の国家制度を体系的に学んだ一人となったのです。他方，政府の中では，左院の議官，宮島誠一郎（米沢出身，1838～1911年）が，1872年に「国憲を立てる議」を提出し，それをきっかけに左院の中で世界各国の憲法の調査が始まりました。

　こうした中，明治天皇は1875年4月，「漸進的に国家立憲の政体を立て，皆とともにその良い制度の恩恵を受けたい」という詔勅を出しました。すぐ議会を設けるわけではありませんが，その準備として中央の官僚が構成する元老院と地方官を集めた会議とを設け，前者では主に憲法調査を進め，後者では府や県

※12　鳥海靖『日本近代史講義―明治立憲制の形成とその理念』東京大学出版会，1988年。

※13　清の貿易制限を打開するため，イギリスが清に対して仕かけた戦争。イギリスは清にアヘン密輸を禁止されたことをきっかけに開戦し，講和条約で清から香港の割譲や5港の開港など多くの利権を得ました（第1次，1840～42年）。その後，アロー号をめぐるトラブルをきっかけに，フランスとともに出兵し（第2次，1857～60年。アロー戦争），利権を拡大しました。

※14　安世舟「明治初期におけるドイツ国家思想の受容に関する一考察―ブルンチュリと加藤弘之を中心として」，日本政治学会編『年報政治学』岩波書店，1975年。

の長官が任地で起きた様々な問題を持ち寄り，議論して国の方針を立てることにしたのです。明治政府の中には，いままで自分たちが法律や予算など重要問題をすべて決定してきたのに，民間から選ばれた代議士にそれを任せるのはおかしいと考える人も少なくありませんでした。革命で権力を握り，改革を推進してきた彼らからすると，余計な手間，かつ自分たちを排除しかねない危険な考えに見えたようです。しかし，明治政府の主立った政治家，例えば木戸孝允や大久保利通は，日本の発展には国民の協力が不可欠で，その手段としては立憲の制度が有効だ，いつ実行するかは別としていずれは導入せねばならないと考えていました。そのため，国民に対する公約として天皇がこうした宣言を発したのです。

7. 立憲君主政はどのように始まったのだろうか：
1877〜1906年

立憲政治というアイデアは，先の詔勅の15年後，1890（明治23）年に国会が開かれて，実行されることとなりました。アメリカと西欧以外では，以前，1877年にオスマン帝国が議会を開いたのですが，それは翌年に停止され，そのままになっていました。これに対し，明治の日本では国会，そして衆議院に議席を得た政党はその後も発展を続け，政治制度の中に定着しました。いま私たちが生きている政治制度，君主の下での三権分立，つまり議会による法律と予算の決定，行政府によるその執行，そして両者から独立した司法府という仕組みは，このときにその原型ができたのです。この軌跡は当時，東アジアだけでなく，非西洋世界では，珍しいものでした。約100年を経た20世紀の終わり頃になって韓国や台湾が仲間に加わりましたが，中国のように民選議会を否定し，一党独裁の体制をとる国はいまも少なくありません。どうして，この違いができたのでしょうか。いままで幕末の日本に「公議」「公論」の主張が生まれた様子，またその実現のため立憲政治のアイデアにたどり着いた道筋を見てきましたが，この章では，それがどう具体化されたのか，要点を見てゆくことにしましょう。

初めに暴力との決別があった：1877年

　明治維新では，動乱が始まったとき公論と暴力が同時に誕生し，それらが政治に大きな変化をもたらしました。しかし，秩序を再建し，人々がそれぞれの生活を心おきなく送れるようにするには，暴力を排除せねばなりません。

　日本の場合，それは王政復古の10年後に起きた西南内乱とその武力鎮圧によって達成されました。明治最初の10年は人々が暴力への誘惑にさらされた時代でした。そのとき，最も敏感だったのは鹿児島と高知の軍隊でした。彼らは征韓論政変（1873年）の結果，近衛兵を辞めて国元に帰り，兵力を蓄えて東京の

政府と敵対する構えをとりました。そのうち，西郷隆盛に率いられた薩摩軍は，政府が士族の家禄を廃止し，帯刀を禁止した翌年，1877年2月，ついに反乱に立ち上がったのです（西南内乱）。彼らは，九州の西側を北上し，交通の要所であった関門海峡まで進む方針をとりました。しかし，熊本まで進軍したとき，熊本城に立てこもる政府軍の抵抗を受け，その後，政府が送った増援軍により南に押し返されました。彼らは九州の東海岸に回って北上を企てましたが，やはり途中で押しとどめられました。西郷は軍を解散し，仲間とともに鹿児島に帰って抵抗を続けましたが，9月に至って戦闘の中で自決し，内乱は終わりました。死者は双方合わせて約1万3000人に上り，戊辰内乱に匹敵するほどの大内乱となりました[※1]。

　もし西郷軍が船を雇い，直接に大阪や東京に乗り込んでいたら戦争の行く末がどうなったか分かりません。西郷はしかし，陸地を北上する方針をとりました。中国の王朝末期によく見られたように，全国各地から応援が集まると期待していたためかと思われます。しかし，応援軍は九州以外からは訪れませんでした。東北の士族たちはむしろ政府軍に加わって戊辰内乱の仇を討とうとしました。

　その中で注目すべきは高知の動きです。板垣退助が率いる高知軍は，鹿児島に続いて政府に反抗しようと準備していました。ただ，彼らはまず，政府に対して意見書を提出し，公に政治の誤りを批判し，改めるよう要求することから始める道をとりました。西郷がほとんどその目的を語らなかったのに対し，板垣らはまずは言論での戦いを挑んだのです。戦の準備も始めていたのですが，鹿児島軍が熊本に釘づけにされ，さらに敗退し始めたとき，板垣は武力反乱を放棄し，政治運動を言論だけで展開するように方針を変えました。武力反乱を準

図16　西南内乱　激戦となった田原坂(たばるざか)の戦いの様子。左側が新政府軍，右側が西郷軍。

備した部下たちは捕まえられましたが，板垣自身は逮捕されず，以後も政府に
対抗する政治運動を続けることとなります。

　西南内乱は維新の動乱の終幕となりました。徴兵を主力とする政府軍が士族
軍の反乱を力で押え込んだのです。この後，1880年代に至るまで，時々政治目
的を掲げた蜂起(ほうき)が発生します。しかし，軍隊による大規模な武力反乱は，以後，
起きなくなりました。世界の歴史を見ると，暴力と公論はなかなか手を切るこ
とが困難です。言論による政府への抗議，政府によるその弾圧，それに対する言
論や街頭行動での抗議，街頭での武力衝突，それらが繰り返されることが少な
くないのです。しかし，明治の日本では西南内乱を境に暴力への訴えが激減し

※1　小川原正道『西南戦争—西郷隆盛と日本最後の内戦』中公新書，2007年。

ました。なぜでしょうか。

　その最も大きな条件は，政府と民間の両方に，立憲政治の導入への期待があったことと思われます。政府の外にいる人でも，国会が開かれ，選挙で選ばれれば，直接に法律や予算の決定に携わることができます。そうした期待があれば，暴力を使う必要はありません。また，最大の反政府勢力の一つ，板垣退助が率いる高知の政治家たちは以前から議会政治を研究していました。そのため，天下分け目のタイミングで暴力を放棄し，議会政治に向けた言論運動に舵を切ることができたのです。

民間に政治運動が広まる：1878年〜

　板垣退助とその仲間は，1874年，土佐に立志社^{りっししゃ}という結社を創り，家禄を失った士族たちに生計の道を用意する一方，これを日本の全国政治に参加する根拠としました。さらに西南内乱の前に他地域の同様な結社を集めて愛国社^{あいこくしゃ}という組織を創り，内乱後の1878年9月には大阪でその再興大会を，翌年3月にはその第2回大会を開きました。初めに集まったのは西日本の士族たちだけでしたが，1880年3月の第4回大会には東日本を含む2府22県から代表114名が集まりました。庶民を含む彼らは8万7000人が署名した国会開設を求める文書を持ち寄り，名をずばり「国会期成同盟」と改めました。国会期成同盟は半年後に東京に会場を移して第2回大会を開き，次回は憲法の草案を持って集まろうと決議しました。この運動はいま自由民権運動と呼ばれています[2]。

　このように，明治10年代（1877〜86年）の日本には各地に政治参加を求める結社があちこちに生まれました。その多くを創ったのは各地の大地主で，商工業も営む裕福な人たちでした。彼らは幕末には政治運動に手を染めなかった

のですが，新政府による様々の改革，とくに政治を独占していた武士がいなくなったのを見て，経済活動だけでなく，政治進出も目ざすようになったのです。彼らは学問熱心で，おりから盛んに出版されるようになった翻訳洋書や新聞を競って買い求めました。また，その著者たち，西洋帰りの知識人を地元に招待して演説会を催し，直接に西洋の新知識を吸収しようとも努めました。さらに，彼らは新聞に投書し，自分の意見を全国に知らせようとしました。新聞が東京や大阪の大都会と地方とを双方向で結びつけるようになったのです。自由民権運動は，この新時代のメディア，そしてこれを全国に同一の低価格で売ることを可能にした郵便制度なくしては生まれなかった政治運動でした。

　こうして，自由民権運動は明治10年代の前半，あっという間に全国に広まりました。ここで注目すべきは，これを政府が強く規制しなかったことです。演説会などで直接政府を批判したときは捕まえて一時的に牢屋につないだりしましたが，国会開設の要求自体は抑えませんでした。また，政府は新たに設けた府県会などを通じて地方の有力者と提携を図りましたが，民権運動はそれより先に彼らを自分の組織に集めることに成功しました。このため，のちに国会が開かれたとき，衆議院の議席の過半数は民権運動が発展した「民党」が占めることになったのです。

　西南内乱後の日本には政府以外の軍隊はなくなりました。これは20世紀の中国とはかなり違う状況です。1911年の辛亥革命※3後，中国では日本と同じく各

※2　升味準之輔『日本政党史論』第1巻以下，東京大学出版会，1965年以下。安在邦夫『自由民権運動史への招待』吉田書店，2012年。

※3　1911年に中国で起きた革命。清朝に対し各省の軍隊が独立を宣言し，翌年皇帝が退位して清朝はほろびました。孫文は大総統となって中華民国を築こうとしましたが，政情は長く安定しませんでした。

地の有力者が新聞を通じて情報を共有し，新たに開かれた国会にも進出しました。しかし，当時の中国では国会は政策の決定に大きな役割を担えず，各地に生まれた軍事組織が互いに内戦を繰り返しました。1926年に国民党が全国の統一に乗り出した後も，今度は別の仕方で統一を目ざす共産党との対立が起きました。戦争が続いたため，どちらの政党も軍隊的に，つまり上から下への命令を中心に組織されます。新聞では「公議」「公論」は盛んに交わされましたが，それが政府で尊重されることはありませんでした。1949年に共産党が国民党に勝利し，中華人民共和国を創ると，そこでは党の意志が最優先され，言論の自由はなくなりました[※4]。

中国の歴史と比べると，近代の日本では西南内乱により政府の外に軍事組織がなくなったのが分かれ目となったことが分かります。以後，1920年代まで，民間の政治運動はもっぱら言論により行われるようになりました。このため，政府は軍事的脅威を心配する必要がなく，したがって民間の運動に寛容に対処できたのです。明治の日本はこのような条件を備えていたため，政治組織の中心に言論と議会を組み込むことができたのでした。

明治政府の決断—国会開設と憲法制定：1881〜89年

国会開設を求める運動家が次々と東京に集まり始めた1881年，政府は征韓論政変に続く，二度目の大分裂をしました。政府はトップにいた大隈重信（おおくましげのぶ）（1838〜1922年）を追放すると同時に，10年後の国会開設を世に公約しました（明治14年の政変）。

明治政府は成立直後から薩摩と長州が中心に立ったものの，全国から有能な政治家を寄せ集めて運営されてきました。この当時は，佐賀出身の大隈と長州

出身の伊藤博文（1841～1909年）や井上馨（1835～1915年）らが提携して様々の改革を推し進め，立憲政の導入についても最初は考え方を共有していました。他方，この年，国会期成同盟のメンバーが東京に集まる中，北海道開拓使（1869年に設置された，北海道の開拓を担う官庁）のスキャンダルが新聞で盛んに報道され，その長官であった薩摩出身の黒田清隆（1840～1900年）は激しい攻撃にさらされました。このとき，伊藤や井上らは，政府発足以来の盟友だった薩摩との提携を続けるか否かを決めねばならなくなりました。その一方，大隈は立憲政治について，議会の多数党が内閣を組織する議院内閣制を構想し，それを翌年，極めて早い時期に始めようと考え，密かに上司に提案しました。伊藤と井上はあとでこれを知って裏切られたと感じ，結局，薩摩を守ることを選びます。大隈は外部の勢力と結んで政府を攻撃したとして追放し，同時に10年後の国会開会を公約して，民権運動をなだめることにしたのでした。

　この政変は様々の波紋を呼び起しました。国会期成同盟を創って請願運動をしていた人たちは「自由党」を創り，国会を通じた政権獲得を目標と定めました。また，政府から追放された大隈とその仲間は翌年に立憲改進党を創り，これまた国会開会に備える運動を始めました。民間に議会を手がかりとして政権獲得を目ざす政党，継続的な政治組織が二つ生まれたのです。ほかに地域的な政党なども生まれましたが，以後の日本では，この二政党を中心に政党運動が展開してゆくことになります。

　他方，政府はどうしたでしょうか。自分たちの政権を奪いかねない政党が民間に生まれ，それが地方の有力者の支持を得ていったのを見て，強い危機感を

※4　深町英夫編『中国議会100年史─誰が誰を代表してきたのか』東京大学出版会，2015年。

持ったに違いありません。こうしたとき，一番安易な対処法は，民間運動を弾圧することです。主立った指導者を捕まえ，牢獄に入れる。極端には政治裁判にかけて処刑する。世界のあちこちでしばしば起きます。明治政府はしかし，ライヴァルとなった板垣や大隈を，口実を設けて逮捕したり，処刑したりはしませんでした。新聞を検閲したり，政治集会に制限を設け，違反を見つけては当事者に罰金を科したり，一時牢獄につないだりしましたが，政党運動自体は禁止しなかったのです。これには国会開設を公約したことが効いていたに違いありません。選挙して国会議員を選ぶ以上，民間の政治運動を排除するわけには行かなかったのです。

　また，政府はこの機会に，憲法をはじめ，様々の法制度を一気に作り，以後の国家の大枠を創り上げました※5。憲法に関しては，伊藤博文をヨーロッパに送り，起草に必要な調査を行わせました。実は，当時の日本では，元老院を中心に欧米の憲法の調査は済んでいたのですが，あらためて政府の第一人者が立憲政治の本場に行き，その法律的な側面と運用の実際とを学んだのです。そのとき，明治14年の政変が強いしばりを課しました。大隈がイギリス流の責任内閣制，内閣が議会に責任を負う制度を作ろうと主張していたので，それを否定せねばならなかったのです。その代わりに選んだのは君主権を強調するプロイセンの憲法でした。内閣は君主のみに責任を負うこととしたのです。ただし，プロイセンでは君主の内閣と議会とがしばしば激突していました。そのため立憲政治の運用にはイギリスの方が好都合と分かっていたのですが，政治的行きがかりからそちらは表向きは採用できなくなったのです。

　立憲政治の始め方にはいろんな道があります。まず選挙を行って国民の代表を招集し，その議会で憲法を決める。これが制憲議会の招集で，最も民主的な方

法と言えるでしょう。その草案は，議員が委員会を設けて作り，その案を議会全体で協議して決定します。明治日本の場合には，しかし，制憲議会は開かず，1889年，君主が成案を一方的に臣民（国民）に下しました。天皇の諮問機関である枢密院（すうみついん）で草案を審議し，そこでまとまった内容を天皇の意志として世に下したのです。制定の方法でも，民権に対して君権を強調したのでした[6]。

　この大日本帝国憲法は，冒頭に，「大日本帝国は万世一系（ばんせい）の天皇之（これ）を統治す」と記し，以下，天皇，帝国議会，国務大臣・枢密顧問，司法，会計の章を立てて，それぞれの権限と手続きとを述べています[7]。目立つのは天皇の「大権」の幅広さで，立法権，行政権，陸海軍の統帥権（とうすい）（指揮権），外交権，司法権，つまり政府の全権がすべて天皇の下に集中されています。これだけを見ると，明治の日本は天皇の独裁国家になったようです。天皇は万能で，それに西洋的な法律の形式を与えたに過ぎないようです。

　しかし，実際は違います。憲法は第4章で，天皇の下す法律・勅令・詔勅はすべて，大臣の副署が必要と定めているのです。天皇は幅広い権限を持ちながら，そのどれについても，大臣が同意し，署名しなかったら，何も命令できません。見かけと実際が大きく食い違っているのです。これは，王政復古以来，20年以上続けてきた政府の運用法を思えば，理解できることでしょう。明治政府では，全国から集められた高官たちが協議して決定を行い，その中の重要事項は天皇に上奏し（じょうそう），その許可を得てから実行に移されました。この憲法は，その慣行をそ

※5　官僚を試験により選ぶ制度も作り，男性は誰でも政府の高官になれる道を開きました。清水唯一朗『近代日本の官僚―維新官僚から学歴エリートへ』中公新書，2013年。

※6　大石眞『日本憲法史』［第2版］有斐閣，2005年。

※7　鳥海靖『日本近代史講義』（第6章注12参照）付録。

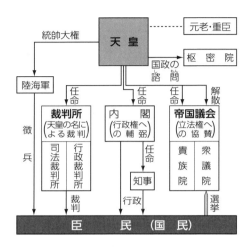

図17　大日本帝国憲法下の国家組織

のまま維持できるように定められたのです。

　伊藤はヨーロッパに留学したとき，主にドイツでプロイセン憲法を学びました。しかしながら，プロイセン憲法は君主自身による決定を重視しているので日本の慣行に合いません。そのとき，伊藤がオーストリアのウィーンに行って会った国制学者ローレンツ・フォン・シュタイン（Lorenz von Stein, 1815～90年）が良いヒントをくれました。彼は「元首は進行中のいかなる国家活動にも干渉してはならない。元首のなすことは現実性のあることではなく，形式的なもののみであるべきである。それ故に，彼は過ちをなし得ない」，また君主とは，「我という代名詞によって国家を象徴する」ものだと語りました[8]。「元首が過ちをなし得ない」とは，自ら決定をしないのだから，その決定がたとえ不評判だったり失敗だったりしても，責任を負う必要がない，責任はすべて決定を行った大臣が負うべきだというのです。シュタインのアドヴァイスが印象的

だったためか，伊藤は同僚の政治家がヨーロッパに行くときは必ずシュタインに会うように勧めました。とにかく，これで王政復古以来やってきたことを憲法の中に組み込むことが可能となったのです。

　君主の権威を絶対的な高みに置きながら，その決定権は最小限に抑える。これは，実は江戸時代の将軍や大名の立場も同様で，天皇については室町時代以来の伝統でした（第1章）。大日本帝国憲法はそれを西洋式の憲法の中に書き込んだと見ることができます。当時の日本は同時代のヨーロッパで普及しつつあった立憲君主政を取り込んだのですが，それが比較的楽にできたのは，こうした伝統的君主観のおかげだったと見ることができます。一方，同じ東アジアでも，隣国は君主権の制限ができませんでした。朝鮮も清朝も，一君万民の長い伝統があったので，君主の権力を分割する発想がなかったのです。その国王や皇帝は，宮中と政府とを分け，宮中で全権を握りながらも政府の決定には干渉しないという改革案を提示されたとき，これを拒否したのです。そのため，君主に対する大臣たちの自主性は弱くなり，まして「民」の代表である国会議員に発言権を与えることは困難だったのです。

　明治の日本では，武士上がりの高官たちが「君」の権威を独占しつつ様々の改革を実行してきました。そこでは「君」と「官」は一体のものと考えられ，大日本帝国憲法は一方でその裏付けを与えました。しかしながら，憲法は同時に貴族院と衆議院からなる二院制の議会を設けました。法と予算はこの二つの議会の両方が同意しない限り，決まりません。選挙で選ばれ「民」を代表する衆議院もまた「君」を補佐する組織と位置づけられ，かなりの決定権を持った

※8　瀧井一博『増補　文明史のなかの明治憲法—この国のかたちと西洋体験』ちくま学芸文庫，2023年，148頁。

のです。こうなると，「官」が「君」の権威を独占し続けることはできなくなります。そのため，憲法が施行された後の日本では，天皇の権威を一段上の高みに置きながら，「官」と「民」が原則上は等しい立場に立ち，日本の将来をめぐって激しい競争を始めることとなりました。

立憲政治が定着する：1890〜1906年

　1890年末，帝国議会が開会し，国会による法律と予算の作成が始まりました。国の運営のため，どんな法を作り，どう予算を分配するか，国会は政策の決定に重い責任を負うこととなったのです。そのためには，国会の中にどんな組織を作り，どんな手続きによって決定をするかをまず決めねばなりません。議員も政府も試行錯誤を重ねながら，慣行を創ってゆきました[9]。

　その一方，権力の中心，内閣[10]をどの勢力が担うのかも大きな問題となりました。いままで通り，維新以来の官僚が独占を続けるのか，それとも選挙で衆議院に選ばれた勢力が，1880年代からの狙い通り，政権に参加するのか。国会が開かれた初期の数年は，この権力争いも重要な争点でした。

　憲法を書き，初代の内閣総理大臣ともなった伊藤博文は，当初，政党を基礎に内閣を組織すること（政党内閣）はまったく考えていませんでした。議会を開いて「公議世論」を重視する政治を始めるとは言え，「議会政府」すなわち政党内閣は最も危険なことと考えていたのです。天皇の政府は様々な党派の一段上に立って運営されるべきだというのです。

　他方，自由党や改進党など「民党」は地方社会の大地主らを早くから味方にし，各選挙区の支持者に組織していました。そのため，1890年の第1回総選挙では衆議院の多数議席を獲得し，国会の開会後は「民力休養」を掲げて予算削減を

図18　初期の帝国議会

主張し，政府と厳しく対決することとなりました[11]。政府と民党は最初の1年
は何とか無事に済ませのですが，2年目からは交渉が行き詰まり，衆議院は解散・
総選挙を何度も繰り返すことになります[12]。

　ところで，当時，衆議院議員の選挙に投票できたのは，直接国税を15円以上
納める25歳以上の男子に限られました。人口の約1.1％です。女性には投票権
が与えられず，成人男子でもかなり裕福な人でないと投票できませんでした。

※9　村瀬信一『帝国議会―〈戦前民主主義〉の五七年』講談社選書メチエ，2015年。

※10　内閣は各大臣が集まって基本政策を決める組織で，日本では1885年に創られました。それまで
　　　政府の中心にあった太政官ではトップは公家出身者がつくならわしでしたが，内閣総理大臣は
　　　出身を問われず，事実，初代には庶民出身の伊藤博文が任命されました。

※11　坂野潤治『明治憲法体制の確立―富国強兵と民力休養』東京大学出版会，1971年。升味準之輔
　　　『日本政党史論』第2巻，東京大学出版会，1966年。

※12　1892年の第2回総選挙では，政府は激しい選挙干渉を行い，その結果，83人もの死者が出まし
　　　た。当時内閣の外にいた伊藤博文はこれを文明の政治から外れた行為として厳しく非難し，そ
　　　の結果，以後このような荒々しい選挙干渉はなくなりました。坂野潤治「初期議会期の内政と
　　　外交」，井上光貞ほか編『日本歴史大系4』近代1，山川出版社，1987年，685頁。

当時，1家の人数は約4人で，成人男子は1家に平均1人いました。そこで，投票権を持つのは成人男子の約4.4％だった勘定になります。家族の割合に直すと，約23家に1家の裕福な人々のみが選挙権を持っていたわけです。一方，成人男子のうち文章が自由に読み書きできたのは当時10％前後いたと言われます。その割合ともかなり開きがあったわけです。政府の官僚や民党の指導者だけでなく，有権者も一握りのエリートに過ぎなかったのです※13。

　さて，政府が何度解散と選挙を繰り返しても，「民党」は衆議院で優勢を占め，減税を要求し続けました。政府は経済開発や軍備のため収入を減らすわけには行かなかったので，民党の首領を大臣に任命して丸め込み，何とか予算案への賛成を得ようと努力しました。しかし，日清戦争（1894〜95年）後，主な財源であった地租を増税しようと図ると，二つの民党は合同して憲政党を作り，強く抵抗しました。その結果，1898年，行き詰まった伊藤は天皇に，大隈重信と板垣退助に内閣組織を委ねるよう上奏しました。国会開設のわずか8年後，伊藤は政党内閣を認めざるを得なくなったのです。

　この大隈内閣は内紛のためすぐ倒れ，政権は官僚の手に戻りました。しかし，元は官僚主導を当然と考えていた伊藤は2年後，自ら立憲政友会という政党を組織しました。旧自由党系の政党人に財界や官僚の有力者を加えた多数党を作り，立憲政治の長期的発展の基盤を作ろうとしたのです。立憲政友会はすぐ内閣を組織したものの，うまく行かず，また政権は官僚の手に戻りました。しかし，日露戦争（1904〜05年）の際，元軍人の桂太郎（1847〜1913年）首相は戦争への全面協力を代償に，立憲政友会に戦後の政権を譲ることを約束し，1906年に実行しました。その後は，しばらく政党と官僚が交互に内閣を組織し，互いに人材を送り込む時代となります。1918（大正7）年には，政友会の原敬（1856

〜1921年）が内閣を組織しましたが，このときは，陸軍・海軍の大臣と外務大臣以外の大臣はみな政友会員で構成されました。その後また官僚内閣に戻りましたが，1924年には，政党三つが連合して内閣を組織し，政党の再編成の後，二つの大政党が交互に内閣を組織することになりました。1925年には，選挙権を納税額などで制限しない普通選挙法が，男子のみを対象に制定されています。

　このように，憲法制定の当時は否定されていた政党内閣は，その30年あまり後には政界の中心を占めることになりました。この過程は官僚と政党の妥協に次ぐ妥協で進みました。一見，まどろっこしく見えるかも知れません。しかし，もし官僚側が政権にかじりつき，政党側が政権奪取にばかり注意を集中していたら，どうなったことでしょうか。政府が政党政治家を投獄するなどということはあり得なかったにせよ，オスマン帝国のように憲法を停止し議会も閉鎖して，せっかく長年準備し，導入に努めた立憲政治をあきらめざるを得なくなったかも知れません[14]。政党と官僚の双方が世論を汲み取る立憲政治の価値を信じ，一歩一歩その運用経験を積み重ねたことが，日本に非西洋世界で初めて立憲政治を定着させたのです。

※13　庶民のほとんどは当時は政治の世界の外に生きていました。近世から近代にかけて，庶民とエリートとの関係がどう変わったかについては，次をご覧下さい。牧原憲夫『客分と国民のあいだ—近代民衆の政治意識』吉川弘文館，1998年。

※14　政党だけでなく官僚までも立憲政治の実現にこだわったのは，当時グローバルな影響力を振るっていた英仏米などが立憲政治を行っていたからでした。立憲政治は，公平な政治制度であるだけでなく，実行すればあのように豊かで強い国になれる。不平等条約の改正にも応じてもらえる。逆に，失敗すれば西洋から馬鹿にされるに違いない。大政奉還を提案した後藤象二郎が述べたように，彼らは，同時代の西洋と後世の日本人を意識しつつ，精一杯「見栄」を張ろうとしたのでした。

おわりに

日本で民主化への動きがいかに始まったか。幕末に生まれた「公議」「公論」の主張から始め，新政府による「公論」の奨励と身分制の廃止を見た後，「公論」が革命に伴いがちな暴力との関係を絶ち，言論のみによる政治運動が生まれて，それが立憲政治の形で国の制度に組み込まれた様子を見てきました。このときできた政治制度はいまもなお受け継がれ，日本が世界のリベラル・デモクラシー（自由民主主義）の主要国であり続ける基盤となっています。世界では，日本の民主主義は第二次世界大戦後の20世紀半ば，アメリカを中心とする外国軍（連合軍）の占領下でアメリカから押しつけられたという考えがありますが，とんでもありません。日本人は，19世紀の後半，誰にも強制されず，援助も受けず，自力で民主化への道を歩み始めたのです。

　とは言え，1930年代の初め，日本はこの道をいったん逸脱しました。1931（昭和6）年の満州事変※1を皮切りに軍部が台頭し，権力を握って議会を無力化し，さらに際限のない戦争へ日本を引きずり込んだのです。戦争はせぬ方が良い，早くやめるべきだと考える政治家もいたのですが，軍部が言論を規制したため，世を動かすに至りませんでした。軍部はさらに中国との戦争を米・英・仏・蘭までに拡げ，戦線を北太平洋全域にまで拡げました。この暴走は外国人と日本人の多くを犠牲にし，国土が徹底的に破壊された後，1945年にようやく停止したのでした。

　戦後，日本は史上初めて外国軍に占領されました。連合軍は，日本を軍事的に無力化した上で，様々の改革を要求しました。日本人の側はその多くを受け入

※1　中国東北部（当時満州と呼ばれていた）の直接支配を狙い，現地にいた日本軍が始めた侵略戦争。翌年，最後の清朝皇帝を招いて，満州国という傀儡国家を創り，間接的に支配することとしました。その後，日本軍は支配する地域を万里の長城以南へも拡大し，そのために1937年には日中の全面戦争が始まりました。

れましたが、それは長年の戦争と犠牲にこりごりしていたためです。昭和天皇（1901〜89年）は敗戦翌年の元旦、いわゆる人間宣言を発しました。その中には、明治元（1868）年の五箇条の誓文が引用されています。

　　　広く会議を興し、万機公論に決すべし

　惨^{みじ}めな失敗をしてしまったとき、近代の原点に立ち戻り、その精神を受け継ぎつつ日本を再建しようと呼びかけたのです。戦後日本の憲法は、その制定の経緯はともかく、中身は日本人自身の痛切な反省、そして明治以来の経験に基づいて選び直されたものなのです。その再生の物語はまた別の本で読んでいただくことにしましょう。

関連年表　　　　　　　　　　　　　　　　　（月日は1872年までは旧暦，1873年以降は新暦）

年	事　項
1840〜42	アヘン戦争（イギリス軍による清朝への侵攻）
1843（天保14）	天保の改革（1841年〜）失敗
1850	幕府，海防令を布告（大名・旗本に加え，庶民にも海防協力を要請）
1853（嘉永6）	6月　アメリカ使節マシュー・C.ペリー，浦賀に渡来（翌年日米和親条約）
	幕府，大名・旗本にアメリカ国書を示し，対策を諮問
1857（安政4）	11月　橋本左内，大大名の政権掌握と身分を問わぬ人材登用を構想。12月， 　　薩摩の西郷隆盛と組み，江戸城大奥に一橋慶喜の将軍後継を申し込み
1858（安政5）	4月　井伊直弼が大老に任命
	5月　越前松平慶永，一橋後継は「天下の公論」と大老に主張
	6月　水戸徳川斉昭，尾張徳川慶恕，越前松平慶永ら，江戸城に不時登城。 　　7月，隠居・謹慎処分
1859（安政6）	8月　安政の大獄（斉昭ら隠居幽閉）
	10月　橋本左内，吉田松陰ら斬首
1860（万延元）	3月　桜田門外の変（水戸と薩摩の脱藩浪士，井伊直弼を殺害）
1861（文久元）	5月　長州藩，開国論による公武和解の仲介を開始
1862（文久2）	4月　薩摩島津久光，1000の兵を率いて入京。5月，勅使とともに江戸へ
	7月　幕府，一橋慶喜を将軍後見，松平春嶽（慶永）を政事総裁に任命
1863（文久3）	3月　将軍家茂，入京
	5月　幕府，全国に攘夷を布告
	8月18日の政変。京都から攘夷派を追放
	冬　島津久光・松平春嶽ら公議派大名が入京，朝議参与に任命
1864（元治元）	4月　公武合体の体制が成立，公議派大名を排除
	水戸に内乱が発生（3〜12月）
	7月　禁門の変。長州が京都に攻め込んだが，敗退 　　第1次長州征討，長州は屈服
	11月　薩摩の西郷隆盛，大名会議による長州最終処分を提案，失敗
1865（慶応元）	9月　四国連合艦隊が兵庫集結
	10月　天皇，条約を勅許 　　薩摩の大久保利通，大名会議による問題解決を主張，失敗
1866（慶応2）	6月　徳川軍，長州征討（第2次）を開始，敗戦
	一橋慶喜，王政復古と大名会議を考えるも，天皇の反対で中止
1867（慶応3）	5月　四侯会議（薩摩，越前，土佐，宇和島）。公議政体への移行に失敗
	6月　土佐の後藤象二郎，王政復古と議会制を組み合わせた改革を提案
	10月　徳川慶喜，朝廷に政権を返上

年	事　項
1868（明治元）	12月9日　王政復古のクーデタ（薩，尾・越・土，芸）
	1月3日　鳥羽・伏見の戦い始まる。徳川軍が敗れ，新政府は薩長主導に
	4月　江戸城が無血開城
	閏4月　最初の憲法「政体」を公布（冒頭に五箇条の誓文）
	5月　奥羽越列藩同盟が結成。新政府軍と戦争
	9月22日　会津が降伏
1869（明治2）	3月　公議所が開局。郡県か封建かなどを審議
	5月　箱館の旧幕軍降伏，戊辰内乱終結
	6月17日　版籍奉還を聴許
1870（明治3）	1月　長州で脱隊騒動
	9月　「藩制」公布
1871（明治4）	2月　薩・長・土三藩から「親兵」を政府に献兵
	7月14日　廃藩置県
	8月　穢多・非人をやめ，平民に統合
1873（明治6）	10月　征韓論政変。征韓中止，西郷隆盛・板垣退助・江藤新平・副島種臣
	ら辞職
	薩摩・土佐の近衛兵，故郷に帰る
1874（明治7）	1月　板垣ら旧参議，民選議院設立建白を左院に提出（『日新真事誌』で公
	開）
	2月　佐賀の乱（江藤新平ら）
1875（明治8）	4月　漸次立憲政体樹立の詔勅を公布
1876（明治9）	8月　士族の家禄を廃止，公債に転換
1877（明治10）	2月　西南内乱（～9月）。板垣，挙兵を断念し，政治運動を言論に一本化
1878（明治11）	9月　板垣ら，大阪で「愛国社」再興大会を開催
1880（明治13）	3月　愛国社第4回大会，「国会期成同盟」と改称。11月，東京で第2回大
	会
1881（明治14）	10月　明治14年の政変。大隈重信を追放，10年後の国会開設を公約
	板垣退助ら自由党を結成
1882（明治15）	3月　大隈重信ら立憲改進党を結成
	伊藤博文，憲法調査のためヨーロッパに出発（～翌年8月）
	11月　板垣，後藤らヨーロッパ視察へ（～翌年6月）
1884（明治17）	9月　自由党員による加波山事件
	10月　自由党解党
	秩父事件

年	事　項
1887（明治20）	10月　旧自由党員と立憲改進党員,「三大事件建白」による大同団結運動を開始
1889（明治22）	2月11日　大日本帝国憲法公布
1890（明治23）	7月　第1回衆議院総選挙 11月　第1回帝国議会開会
1894（明治27）	7月　日清戦争（～翌年4月）
1898（明治31）	6月　大隈を総理,板垣を内務大臣とする内閣が成立。10月,崩壊,官僚内閣に戻る
1900（明治33）	9月　伊藤博文,立憲政友会を結成。10月,内閣を組織。翌年5月崩壊,官僚内閣に戻る
1906（明治39）	1月　西園寺公望を総理に立憲政友会の内閣成立。以後,政党内閣と官僚内閣が交代
1918（大正7）	9月　原敬を総理とする立憲政友会内閣（陸海軍と外務以外の大臣は政党員）
1924（大正13）	6月　加藤高明を総理とする三政党連立内閣が成立
1925（大正14）	5月　衆議院議員選挙法改正,男子普通選挙が成立（前月,治安維持法公布） 8月　憲政会単独の内閣に
1927（昭和2）	4月　立憲政友会内閣が成立。以後,政党内閣が交代
1931（昭和6）	9月　満州事変
1932（昭和7）	5月15日　総理大臣犬養毅,海軍将校により射殺。以後,政党・官僚合同内閣に

さらに学ぶために

〈全体〉

鳥海靖『日本近代史講義—明治立憲制の形成とその理念』東京大学出版会，1988年
　　幕末から明治憲法ができる頃までについて，立憲政の導入をめぐる思想と政治をやさしく
　　明解に解説。付録に主な関係史料が網羅されている。

佐藤誠三郎『「死の跳躍」を越えて—西洋の衝撃と日本』千倉書房，2009年

三谷太一郎『日本の近代とは何であったか—問題史的考察』岩波新書，2017年

ルーク・S. ロバーツ『泰平を演じる—徳川期日本の政治空間と「公然の秘密」』岩波書店，
　　2022年

三谷博『維新史再考—公議・王政から集権・脱身分化へ』NHK出版，2017年

中村哲『明治維新』集英社，1992年

青山忠正『明治維新』吉川弘文館，2012年

瀧井一博『増補　文明史のなかの明治憲法—この国のかたちと西洋体験』ちくま学芸文庫，
　　2023年

町田明広編『幕末維新史への招待』山川出版社，2023年

山口輝臣・福家崇洋編『思想史講義』明治篇1，ちくま新書，2022年

〈人物〉

○将軍と大名と公家

久住真也『幕末の将軍』講談社選書メチエ，2009年

後藤敦史『阿部正弘—挙国体制で黒船来航に立ち向かった老中』戎光祥出版，2022年

高木不二『横井小楠と松平春嶽』吉川弘文館，2005年

吉田常吉『井伊直弼』吉川弘文館，1963年

芳即正『島津久光と明治維新—久光はなぜ，討幕を決意した』新人物往来社，2002年

家近良樹『徳川慶喜』吉川弘文館，2014年

大久保利謙『岩倉具視』中公新書，1973年

○志士たち

鈴木暎一『藤田東湖』吉川弘文館，1998年

松浦玲『勝海舟』中公新書，1968年

角鹿尚計『橋本左内—人間自ら適用の士有り』ミネルヴァ書房，2023年

家近良樹『西郷隆盛—人を相手にせず，天を相手にせよ』ミネルヴァ書房，2017年

佐々木克『大久保利通』講談社学術文庫，2004年

齊藤紅葉『木戸孝允と幕末・維新―急進的集権化と「開化」の時代 1833〜1877』京都大学
　　出版会，2018年

一坂太郎『久坂玄瑞―志気凡ならず，何卒大成致せかし』ミネルヴァ書房，2019年

渋沢栄一『渋沢栄一自伝―雨夜譚・青淵回顧録〈抄〉』角川ソフィア文庫，2020年

アン・ウォルソール『たをやめと明治維新―松尾多勢子の反伝記的生涯』ぺりかん社，2005年

〇その他

辻ミチ子『和宮―後世まで清き名を残したく候』ミネルヴァ書房，2008年

山川菊栄『武家の女性』岩波文庫，1983年

福沢諭吉『新訂　福翁自伝』岩波文庫，1978年

石光真人編著『ある明治人の記録―会津人柴五郎の遺書』中公新書，1971年

〈事象〉

落合弘樹『秩禄処分―明治維新と武士の解体』2015年

池田勇太『武士の時代はどのようにして終わったのか』清水書院，2021年

小川原正道『西南戦争―西郷隆盛と日本最後の内戦』中公新書，2007年

浅見雅男『華族誕生―名誉と体面の明治』講談社学術文庫，2015年

安在邦夫『自由民権運動史への招待』吉田書店，2012年

稲田雅洋『自由民権の文化史―新しい政治文化の誕生』筑摩書房，2000年

牧原憲夫『客分と国民のあいだ―近代民衆の政治意識』吉川弘文館，1998年

升味準之輔『日本政党史論』全7巻，東京大学出版会，1966〜80年

坂野潤治『明治憲法体制の確立―富国強兵と民力休養』東京大学出版会，1971年

村瀬信一『帝国議会―〈戦前民主主義〉の五七年』講談社選書メチエ，2015年

友田健太郎『自称詞〈僕〉の歴史』河出書房新社，2023年

〈その他〉

岩井淳・山崎耕一編『比較革命史の新地平―イギリス革命・フランス革命・明治維新』山川
　　出版社，2022年

中澤達哉編『王のいる共和政―ジャコバン再考』岩波書店，2022年

前田健太郎『女性のいない民主主義』岩波書店，2019年

ロバート・A. ダール『ポリアーキー』岩波文庫，2014年

図版出典

図1　札幌医科大学医学部附属がん研究所ゲノム医科学部門ウェブサイト「人口あたりの新型
　　コロナウイルス死者数の推移【世界・国別】」より作成（2023年7月19日閲覧。元のグラフ
　　から一部の国を省略した）

　　データ参照元

　　https://web.sapmed.ac.jp/canmol/coronavirus/death.html?s=y&f=y&n=j&c=1

図2　編集部作成

図3　三谷博『維新史再考―公議・王政から集権・脱身分化へ』NHK 出版，2017年，50頁

図4　国立国会図書館　電子展示会「近代日本人の肖像」

図5　国立国会図書館　電子展示会「近代日本人の肖像」

図6　「桜田門外之変図」，部分，茨城県立図書館蔵（茨城県立歴史館保管）

図7　「耕雲斎筑波山籠」，水戸市立博物館蔵

図8　「長州征討行列図（備中松山藩長州征伐行列図」），部分，香川県立ミュージアム蔵

図9　渋沢栄一『徳川慶喜公伝』3，竜門社，1918年，国立国会図書館デジタルコレクション

図10　「小御所会議之図」，東京大学史料編纂所蔵

図11　Alamy

図12　京都大学附属図書館蔵

図13　月岡芳年「明治太平記内　会津若松戦争之図」，本間美術館蔵

図14　国立国会図書館　電子展示会「近代日本人の肖像」

図15　国立国会図書館デジタルコレクション

図16　永嶌孟斎「田原坂合戦の図」，部分，国立国会図書館デジタルコレクション

図17　編集部作成

図18　「帝国議会衆議院之図」，埼玉県阿部氏蔵

著 者

三 谷 博
みたに　ひろし

1950年，広島県福山市生まれ。1978年，東京大学大学院人文科学研究科博士課程単位取得退学。文学博士。東京大学大学院総合文化研究科教授，跡見学園女子大学教授をへて，現在，東洋文庫研究員，東京大学名誉教授。専攻は19世紀日本史・比較史。
主要著書・論文
『日本史からの問い―比較革命史への道』（白水社，2020年）
『維新史再考―公議・王政から集権・脱身分化へ』（NHK出版，2017年）
『愛国・革命・民主―日本史から世界を考える』（筑摩書房，2013年）
『大人のための近現代史』19世紀編（東京大学出版会，2009年。並木頼寿・月脚達彦と共編）
Meiji Revolution, Oxford Research Encyclopedia of Asian History（Oxford University Press, 2017）

歴史総合パートナーズ⑰

民主化への道はどう開かれたか―近代日本の場合―

定価はカバーに表示

2024年 1 月 6 日　　初 版　第 1 刷発行

著　者　三谷　博
発行者　野村　久一郎
印刷所　法規書籍印刷株式会社
発行所　株式会社 清水書院
　　　　〒102―0072
　　　　東京都千代田区飯田橋3―11―6
　　　　電話　03―5213―7151㈹
　　　　FAX　03―5213―7160
　　　　https://www.shimizushoin.co.jp

カバー・本文基本デザイン／タクティクス株式会社／株式会社パイプライン
乱丁・落丁本はお取り替えします。　　　ISBN978―4―389―50146―4

歴史総合パートナーズ

以下続刊